· 中华书局 ·
上海聚珍出品

中华
经典通识

《孟子》通识

徐兴无——著

中华书局

图书在版编目（CIP）数据

《孟子》通识/徐兴无著. —北京：中华书局，2025.4. —（中华经典通识/陈引驰主编）. —ISBN 978-7-101-17032-0

Ⅰ. B222.55

中国国家版本馆 CIP 数据核字第 2025UL2311 号

《孟子》通识

著　　者	徐兴无	
丛 书 名	中华经典通识	
主　　编	陈引驰	
丛书策划	贾雪飞	
责任编辑	吴艳红	
装帧设计	毛　淳	
责任印制	管　斌	
出版发行	中华书局	
	（北京市丰台区太平桥西里 38 号　100073）	
	http://www.zhbc.com.cn	
	E-mail:zhbc@zhbc.com.cn	
印　　刷	天津裕同印刷有限公司	
版　　次	2025 年 4 月第 1 版	
	2025 年 4 月第 1 次印刷	
规　　格	开本/880×1230 毫米　1/32	
	印张 8　字数 130 千字	
印　　数	1-6000 册	
国际书号	ISBN 978-7-101-17032-0	
定　　价	59.00 元	

编者的话

经典常读常新，一代有一代的思想，一代有一代的解读。"中华经典通识"系列丛书，邀请当今造诣精深的中青年学者，为读者朋友们讲授通识课。希望通过一本"小书"，轻松简明地讲透一部中华传统经典。

本系列丛书由复旦大学陈引驰教授主编，每本书的作者都是该领域的名家，他们既有深厚的学养，又长于深入浅出，融会贯通。每本书都选配了大量相关的图片，图文相生，能增强阅读的趣味性。

希望这套丛书，能成为人们了解中华传统文化的可靠津梁。

目　录

今天我们为何读《孟子》

在温柔敦厚的儒家传统当中，孟子是一个激进而有个性的人物。他因为生活在战国这个乱世，要发扬创新儒家思想，必须首先成为一个好辩的思想斗士。只要我们阅读《孟子》，就会被其中思想的力量所震撼，正如朱熹所说的那样："《孟子》有感激兴发人心处。"

思想的力量在于思想的深刻。孟子是从探索人性这个最复杂最幽深的世界开始的。人是什么，孟子同时代的先秦诸子都在思考，因为只有将人的本质定义了，才能确定人的价值和意义，才能知道人类应该具有的道德和理想的社会，才能让身处乱世的人们安身立命。那么，和其他思想家相较，孟子关于人性的思想有何特别之处呢？

先秦诸子，有的认为人性是自然本性，有的认为是后天养成的习性，有的主张人性善，有的主张人性恶，此外还有善恶并存、无善无恶诸说。孟子是"道性善"的，但他主张的"性善"并不是说人的本性全是善的，他指的是：唯有人，才具有一颗能够觉察到自己本性的心，并且能凭借这样的觉察能力来养护、发展自己的人性，使之向善、为善，成为完成人生和社会价值乃至赋予宇宙以意义的力量源泉。

孟子说"恻隐之心，仁也；羞恶之心，义也；恭敬之心，礼也；是非之心，智也。仁义礼智，非由外铄我也，我固有之也"，道德都是被人的内心自觉出来的。因为心有觉知善恶的判断力，所以孟子也称之为"良能""良知"。在孟子看来，心是人之"大体"，其他感官皆是"小体"，养其大体为大人，养其小体为小人，因此，孟子并没有简单地将人性定义为善，而是定义为人的自觉对象，性与心是融为一体的，不妨称之为"心性善"。

后世解释孟子性善说最清楚的大概是王阳明的四句教："无善无恶心之体，有善有恶意之动，知善知恶是良知，为善去恶是格物。"心作为身体的官能，感受事物而起念，以其有辨别善恶的判断力，因而有为善去恶的行动力。所以，和许多思想家专注于阐论人性的本质内涵不同，孟子专注于如何"尽性"，即如何实现人生的价值，这样就将人性的讨论从理论或知识的领域带进了人生的实践，也就是儒家意义上的"学"的领域，"人皆可以为尧舜"，在学做圣贤的过程中尽心知性而知天、存心养性而事天。孟子的性善论从修养实践的角度赋予人性以道德价值和宇宙意义，点亮了人的内心。他将人性作为人们超越个别与特殊，进入无限与普遍的起点与终点，成为自我实现的目标，而不是某种外在规范塑造的对象。

思想的力量在于有光辉。孟子说"充实而有光辉之谓大"。孟子的思想光辉就是强烈的淑世情怀和仁爱精神。他是一个以天下为己任的人，自以为"五百年必有王者兴，其间必有名世者"，"当今之世，舍我其谁"（《公孙丑下》）。所以，他的思想气质和冷眼达观的道家、追求功利的法家、热心救世的墨家都不一样。道家说"天地以万物为刍狗，圣人以百姓为刍狗"（《老子》），人和道德文化皆是自然之道的工具，用后便弃。法家说"夫民之性，恶劳而乐佚"（《韩非子》），因此可以用利禄和刑罚操纵民众。墨家说"兼相爱，交相利，此其有利且易为也"（《墨子》），说到底也是一厢情愿地以爱求利而已。孟子说"人者仁也"，他关注的是如何实现每个人的人生理想和价值。

由于孟子的思想是以人伦为中心的，所以他严辨义利，主张人与人之间应该是仁爱和道义的关系，是"父子有亲，君臣有义，夫妇有别，长幼有序，朋友有信"，而不是"交征利"的互相利用，人是目的而不是工具。

孟子从讨论人性出发，提出了政治理想——"仁政"。仁政的根据是人的良知，人心能自觉出仁爱的美德，就能产生仁爱的政治。在仁政的结构中，民是最重要的组成，"民为贵，社稷次之，君为轻"，如果还有比民更重要的东西，那就是"民心"："得天下有道，得其民，斯得天下矣。得其民有道，得其心，斯得民矣。得其心有道，所欲与之聚之，所恶勿施尔也。"所以孟子认为统治者的责任更加重大，必须保民，为民制产，井田共耕，守望相助，什一而税，市井不征，养民之后才能教民，使之有恒产而有恒心。孟子的仁政思想虽然在当时被视为迂阔，但一直是中华文化中最大的政治共识，也是反对暴政的思想武器。

思想的力量在于强烈的批判精神。孟子会骂人。他指责横征暴敛、侵略邻国、残害人民的暴君为"独夫"，臣子为"民贼"，说他们"率兽而食人"。他同样批判邪说，排斥杨朱和墨家，说他们"无父无君，是禽兽也"。他蔑视权势，"说大人则藐之，勿视其巍巍然"，逼得诸侯们"顾左右而言他"。在他表达愤怒之情的背后，是他的批判能力和批判勇气。

孟子培养内心的道德判断力，视之为充塞天地的"浩然之气"，因而能以一己之身，担当道义，批判那些不符合道义的"诐辞""淫辞""邪辞""遁辞"。他的勇气同样来自他对道义的持守和弘道的使命，"居天下之广居，立天下之正位，行天下之大道。得志，与民由之；不得志，独行其道。富贵不能淫，贫贱不能移，威武不能屈，此之谓大丈夫"，甚至可以"舍生取义"。孟子的批判力度之大，气魄之刚正，令后世许多统治者感到不适，侍讲儒家经典的文臣们甚至回避不言。但孟子的批判精神和一身正气已经成为古代正直士大夫的理想和追求。

深刻、有光辉、强烈的批判精神，当然还有许多精辟的见解和雄辩生动的语言，使得《孟子》成为中国古代伟大的经典。孟子的思想不断受到后世的重视，经过宋明理学的阐释与实践，孔孟之道成为儒家的道统，也就是文化传统中最有生命力和超越性的精神传统，当然也成为我们这个时代所继承的文化传统之一，阅读《孟子》自然也是我们继承传统并从中汲取思想力量的途径之一。

如何阅读《孟子》？孟子已经给我们作了最好的指导。正如孟子面对古代的圣人一样，我们了解孟子，不再是"见而知之"，而是"闻而知之"了。既然见不到人，只能"颂（通"诵"）其《诗》，读其《书》"，通过《孟子》这部经典进入孟子的思想世界。

孟子教给我们两个重要的读书方法。

第一，读书是为了"尚友古人"，即上与古人交友，因此要"知人论世"，即了解作者的为人和他所处的社会、历史、文化，这样才能和他交朋友，和他展开对话。我们和孟子之间同样如此。所以，我们在阅读《孟子》时，不仅要拓展涉猎一些中国古代思想史、哲学史、先秦史以及《孟子》研究方面的读物，从中找到《孟子》的历史坐标，还要善于从《孟子》的文字中梳理孟子的行迹，把握《孟子》文本内容的内在结构，找到孟子的思想脉络。

第二，读书重在以自己的心去知晓作者的心，在心灵的对话中获取自己的理解，这就要能超越文字的束缚，不拘泥于字词的义涵，"不以文害辞，不以辞害志，以意逆志，是为得之"。孟子本人讲授《诗》《书》时就是这样，甚至认为"尽信《书》，不如无《书》"。他是一个积极的读者。

就阅读的过程而言，分为口读、心读和身读。能够准确地理解文本中的字句，把握其中的思想和知识内容，欣赏其修辞艺术，进而探知其中的意义与精神，并通过研读，提出自己的见解，这便是口读与心读达到的境界。如果还能再上层楼，联系生活实际，观察、思考孟子的思想对个人和社会的启示，并在生活与工作之中汲取、实践孟子的思想智慧，这便是身读达到的境界，因为实践是更高级的阐释。

上述方法不仅是阅读《孟子》的方法，也是阅读一切文化经典的方法。

一 困厄存志——流亡者的经典

1.《孟子章句》和汉代的经学

《三国演义》第七回《袁绍磐河战公孙，孙坚跨江击刘表》中说到袁绍与公孙瓒打仗，李儒劝董卓派人去和解，于是"使太傅马日磾、太仆赵岐赍诏前去"。我们之所以能看到《孟子》这部伟大的经典，要感谢这位"太仆赵岐"。他整理、注解的《孟子章句》是《孟子》唯一的传世文本和最早的注本。

所谓"章句"，是汉朝官方经学的解经体例，由于这种注解带有官方权威色彩，所以学者注释自己推重的经典时，也用"章句"的名称。东汉时期除了《孟子章句》之外，还有王逸的《楚辞章句》等，皆承袭官方经学的形式。"章句"的体例一般包括解释文字、名物、制度，阐论文意，还要对每一章的文字做出概括、评述或发挥，叫作"章指"。要知道这样的解释方法，我们不妨还原一下《孟子章句》第一篇《梁惠王上》第一章的《章句》：

孟子见梁惠王。孟子适梁，魏惠王礼请孟子见之。

王曰："叟不远千里而来，亦将有以利吾国乎？"曰，辞也。叟，长老之称也。犹父也。孟子去齐，老而之魏，故王尊礼之曰父。不远千里之路而来至此，亦将有可以为寡人兴利除害乎。

孟子对曰："王何必曰利，亦有仁义而已矣。孟子知王欲以富国强兵为利，故曰王何必以利为名乎，亦惟有仁义之道者，可以为名。以利为名，则有不利之患矣。因为王陈之。王曰'何以利吾国'，大夫曰'何以利吾家'，士庶人曰'何以利吾身'。上下交征利，而国危矣。征，取也。从王至庶人，故云上下交争。各欲利其身，必至于篡弑，则国危亡矣。《论语》曰："放于利而行，多怨。"故不欲使王以利为名也。又言交为俱也。万乘之国，弑其君者，必千乘之家。万乘，兵车万乘，谓天子也。千乘，兵车千乘，谓诸侯也。夷羿之弑夏后，是以千乘取万乘也。千乘之国，弑其君者，必百乘之家。天子建国，诸侯立家。百乘之家，谓大国之卿，食采邑有兵车百乘之赋者也，若齐崔、卫宁、晋六卿等是。以其终亦皆弑其君，此以百乘取千乘也。上千乘当言国而言家者，诸侯以国为家，亦以避万乘称国，故称家。君臣上下之辞。万取千焉，千取百焉，不为不多矣。周制：君十卿禄，君食万钟，臣食千钟，亦多矣，不为不多矣。苟为后义而先利，不夺不餍。苟，诚也。诚令大臣皆后仁义而先自利，则不篡夺君位，不足自餍饱其欲矣。未有仁而遗其亲者也，未有义而后其君者也。仁者亲亲，义者尊尊。人无行仁而遗弃其亲、行义而忽后其君者。王亦曰仁义而已矣，何必曰利。"孟子复申此者，重嗟叹其祸。

　　章指言：治国之道明，当以仁义为名，然后上下和亲，君臣集穆。天经地义，不易之道，故以建篇立始也。

这一节中正文后面的注释文字，现在读来也很明白通畅。最后的"章指"又进一步发挥了全章的义涵。赵岐从《孟子》的首章里，看到孟子先辨"义利"二字，而儒家坚持的义，就是"仁义"二字，这是以孟子为代表的儒家思想的根本，因此赵岐特别拈出这两个字作为"建篇立始"的思想大纲和《孟子》全书的宗旨。

　　赵岐在书前的《孟子题辞》中，交代了《孟子》在汉代地位的升降：

（明）《至圣先贤半身像册》之孟子像

汉兴，除秦虐禁，开延道德，孝文皇帝欲广游学之路，《论语》《孝经》《孟子》《尔雅》皆置博士。后罢传记博士，独立《五经》而已。讫今诸经通义，得引《孟子》以明事，谓之博文。

西汉文帝时废除了秦朝的挟书禁令，允许民间藏书与教学，还恢复了秦朝设立的七十博士制度，《诗经》《尚书》等儒家经书、《论语》《孝经》《尔雅》等解释经书的传记以及《孟子》《老子》等诸子都被立为博士之学。可是到了汉武帝建元五年（公元前136），确立了"独尊儒术，罢黜百家"的文化政策，只立《诗》《书》《礼》《易》《春秋》五经博士，撤销传记与诸子的博士。

博士就从"掌顾问"的"智库"转变为培养官僚士大夫的"学官",由朝廷统一招揽弟子,学业完成后通过射策(考试)甲科的就可以出任郎吏——最低级的朝廷命官(敕命官)。传记的地位和诸子又有不同,因为五经是由孔子整理传授的古代圣王的政教典章,所以《论语》《孝经》《尔雅》等记载孔子言论和解释五经的"传记",在汉朝被列为初级和中级教育的经典,而《孟子》则与《老子》等诸子一样,被移出了官方文教体系。

中国第一部国史书目——东汉班固的《汉书·艺文志》是根据西汉成帝时刘向、刘歆父子整理皇家图书时写成的图书总目《七略别录》撰写的,其中将《孟子》列为儒家。总的来说,汉代是要利用儒家的经学建构统一帝国的文教制度,其思想宗旨更侧重于"礼义"而不是"仁义",走的是荀子外王经世的路线,孟子阐扬的儒家内圣修养的精神并没有成为汉代儒家的核心思想。但是赵岐的《孟子题辞》中说"诸经通义,得引《孟子》以明事,谓之博文",南宋王应麟《玉海·艺文》"汉诸经通义"条曰:"决科射策则有通义之目,以《孟子》明事则有博文之名。"也就是说汉代经学考试中有考"五经通义"的科目,如果能引用《孟子》阐明经义，就被誉为"博文"。汉人有时也称《孟子》为《传》，见诸《汉书·楚元王传》《后汉书·梁冀传》《说文解字》等。汉人著作与史籍所载汉人言论中引称《孟子》之处比比皆是，说明汉人还是高看《孟子》一等的。

《孟子》的仁政思想在汉代经学的显学《公羊春秋》学中有着鲜明的体现，一些民间的学者也对孟子推崇有加。比如西汉后期的经学家和文学家扬雄在其《法言·君子》中自设问答曰：

或曰："子小诸子，孟子非诸子乎？"

曰："诸子者，以其知异于孔子也。孟子异乎？不异。"

……

曰："吾于孙卿与？见同门而异户也，惟圣人为不异。"

扬雄认为，孟子不属于诸子，因为他完全继承了孔子的精神传统，而荀子（即孙卿）与孔子的关系就是同门异户了。

西方文学理论家布鲁姆（Harold Bloom）在谈到经典传承的途径时说："不是选择前辈，而是为前辈所选。"（布鲁姆《西方正典》）也就是说，伟大的经典总是能够选择自己的传承人。

史书上记载最早给《孟子》作注释的是东汉章帝时的《春秋》学家程曾，他写了《孟子章句》。（《后汉书·儒林传》）此后有灵帝时的谏议大夫刘陶，他在太学游学时就上疏汉桓帝，反对外戚专政，著有评论诸子的文章《匡老子》《反韩非》《复孟轲》。（《后汉书·刘陶传》）程、刘之文虽已不存，但从著作题目上便可知，前者将《孟子》的地位看得与五经一样重要，将注释的名称定为"章句"；后者要求复兴《孟子》的学说。东汉末期，至少有过五部《孟子》的注本——除了程曾和赵岐的之外，还有高诱的《孟子注》、郑玄的《孟子注》、刘熙的《孟子注》，而仅存赵岐之注。

《孟子》在东汉受到重视，与东汉的政治局面和士大夫的精神取向密切相关。东汉时期，士大夫与外戚、宦官的矛盾加深，他们不能推行其政治理想，就转向自我道德持守，崇尚气节，或者避世退隐，明哲保身，加之此时官方经学衰落，虚无主义的气氛弥漫，思想界纷纷回到先秦诸子中去寻求资源。有的去寻找另一个心灵的世界，比如大儒马融注解《老子》，高诱注解《吕氏春秋》和《淮南子》等，都是在道家的自然主义

东汉讲经画像砖

西汉立五经博士，培养士大夫，形成了郡县制统一国家的官僚集团。东汉末年，士大夫与外戚、宦官的矛盾加深，受到打击，难以实现儒家的政治理想，遂转向自我道德持守，崇尚气节，《孟子》因此受到重视。

思想中寻求精神的寄托；有的则努力地在自我心中重塑道德的世界，比如从《孟子》当中培养浩然正气，提升道德的思想便成了这一类士人的精神支柱。说到底，伟大经典的生命力，在于它们的时代性，即能与时代相凑泊，为后人提供思想源泉。

赵岐，字邠卿，京兆长陵（今陕西咸阳）人。出身于士大夫之家，志向远大，出来做官时，因为正直廉洁得罪了大宦官侍中唐璜的哥哥唐玹，全家被搜捕杀戮。赵岐侥幸逃脱，在长江、淮河、泰山和海滨一带流亡避难。后来隐名埋姓，在北海郡的市场上卖饼谋生，被二十多岁的安丘名士孙嵩察觉。孙嵩请他上车后，放下帷幕说："先生一看就不是个卖饼的人，叫你时你神色不安，不是怨仇在身，就是亡命之徒。我是北海的孙嵩，拥有百口之家，能够养活先生。"赵岐也听说过孙嵩的美名，便以实情相告。进了孙家，孙嵩对母亲说："孩儿今天出游，得到一位生死之交！"

于是赵岐便在孙嵩家的密室里安居了几年，直到宦官势力垮台，天下大赦之后，才敢出来应聘做官。汉灵帝时，他又被宦官定为党人，在家禁锢十多年，直到中平元年（184）天下大乱，又被朝廷征召。年暮之际，他经常代表汉朝最后一位可怜的天子汉献帝到曹操、袁绍、刘表这些军阀和野心家那里调停战争、乞讨朝廷的开支，九十多岁老死在刘表的领地荆州。（《后汉书·赵岐传》）《孟子章句》正是他在流亡困厄之中的著作，他在《孟子题辞》中表达了注释孟子的精神寄托：

余困厄之中，精神遐漂，靡所济集，聊欲系志于翰墨，得以乱思遗老也。

正是孟子宏大开阔而又微妙精深的思想，让赵岐著书明道，调养精神，忘却了老病和困厄。

2. 写本时代的《孟子》

中国早期经典都是书于竹帛的，后来有了纸，才写在纸上，在印刷术发明普及之前，都属于写本时代。赵岐写《孟子章句》的时候，纸已经成为书写的载体，但其时纸、简通用，东汉章帝曾赐给贾逵的学生"简、纸经传各一通"（《后汉书·贾逵传》），所以我们不能确知赵岐的选择。先秦诸子时代，文字和书写从过去史官制度中对政事、王言的记录普及到民间或个人思想的书写，出现了《论语》《老子》那样记录编纂诸子言行的文献、《左传》《易传》《礼记》等叙述与阐论古代经典的文献，话语的形式极大丰富。古代君子的"立言"传统转变成诸子"发愤著书"的传统，中国进入了"百家争鸣"的时代。这个时代在比较文化史学中，也被称为"哲学的发生"时代或"轴心文明"时代。1918 年，胡适在中国哲学史开山之作的《中国哲学史大纲》中指出：

世界上的哲学大概可分为东西两支。东支又分印度、中国两系。西支也分希腊、犹太两系。初起的时候，这四系都可算作独立发生的。到了汉以后，犹太系加入希腊系，成了欧洲中古的哲学。印度系加入中国系，成了中国中古的哲学。

1949 年，德国哲学家雅斯贝尔斯（Karl Jaspers）在其《历史的起源与目标》中认为，在公元前五百年左右，中国先秦的诸子百家、印度的《奥义书》和佛陀、伊朗的琐罗亚斯德学说、巴勒斯坦的先知、希腊的哲人们对宇宙和人类的精神都做出了反思，开启了思想史意义上的历史，构成了"轴心文明"时代。无论是"哲学的发生"还是"轴心文明"的时代，最显著的文化成果就是思想家和经典，《孟子》堪当中国在上述时代产生的最伟大的经典之一。

我们尚未看到过存世或出土竹书、帛书写本的《孟子》，但是东汉班固的《汉书·艺文志》和应劭的《风俗通义》中都说《孟子》有十一篇，与传世本《孟子》的七篇不相符合。这又是为什么呢？

中国早期经典的形成过程有两个特点：一是多单篇别行，即一篇一篇地传播于世；二是不成于一时一人之手，即经过长期编纂汇集而成。余嘉锡先生的《古书通例》定下了几条先秦古书形成的规律：

古人著书，多单篇别行；及其编次成书，类出于门弟子或后学之手，因推本其学之所自出，以人名其书。

诸子著书，皆只有篇名，无书名；又因全书不可胜举，故只随举数篇，以见其大凡。盖由古人著书，其初仅有小题（谓篇名），并无大题（谓书名）也。

古之诸子，即后世之文集也。出于门弟子所编，其中不皆手著，则题为某子；出于后人所编，非其门弟子，则书其姓名。

总之，先秦古书往往具有许多版本，不同版本的篇章构成也不尽相同，这一现象也被近时的出土文献证明。郑良树先生认为，先秦古籍是一个生命的有机体，有新陈代谢的功能和现象。(《论古籍辨伪的名称及其意义》)《孟子》中各篇被编定成书大概比较早，至少司马迁在《史记·孟子荀卿列传》中已经声称"余读《孟子》书"，说明当时已有一本名为《孟子》的书。而《商君列传》中说"余尝读商君《开塞》《耕战》书"，《老子韩非列传》中说韩非"作《孤愤》《五蠹》《内外储》《说林》《说难》十余万言"等，说明这些书当时尚不具备《商君书》《韩非子》这样的书名。赵岐《孟子题辞》对《孟子》全书篇章整理之后，下了这样的校雠学结论：

> 于是退而论集所与高第弟子公孙丑、万章之徒难疑答问，又自撰其法度之言。著书七篇。二百六十一章，三万四千六百八十五字……又有《外书》四篇：《性善》《辩文》《说孝经》《为政》。其文不能弘深，不与内篇相似，似非孟子本真，后世依放而托之者也。

他认为其中有四篇是后世依托仿作的，定《孟子》为七篇。

《风俗通义·穷通篇》中说孟子与弟子万章等人"作书中、外十一篇"。西汉刘向父子确定书的篇目时，将作者撰写的文字称为"内篇"或"中书"，将后人增造或误收的篇目、文字附在书的后面，称为"外篇""外书"或"杂篇"。据此可以推知依托的四篇属于外书或外篇。七篇之外的文字，也被古书引用。清代大学者顾炎武《日知录》中就指出，西汉司马迁的《史记》、扬雄的《法言》、桓宽的《盐铁论》等书中所引《孟子》，"今《孟子》书皆无其文，岂所谓外篇者邪？"（《日知录》卷七"孟子外篇"）后来《隋书·经籍志》著录东汉后期郑玄注《孟子》、刘熙注《孟子》都是七卷，说明东汉时期的学者已经形成了七篇本的共识，而传世的注本又以赵岐为最早，七篇本遂成为传世《孟子》的定本。

3. 刊本时代的《孟子》

汉代以后注解《孟子》的著作有西晋綦毋邃《孟子注》，唐代陆善经《孟子注》、张镒《孟子音义》、丁公著《孟子手音》等，但皆不存。中唐以降，新儒家兴起，《孟子》的精神传统成为儒家与佛道争夺人心的重要思想资源，受到杨绾、韩愈、皮日休等人的大力推崇。（参见赵翼《陔余丛考》卷四"尊孟子"）唐肃宗宝应二年（763），礼部侍郎杨绾上疏要求明经考试时，将《论语》《孝经》《孟子》合为一经（《新唐书·选举志》），但未能施行。懿宗咸通四年（863），进士皮日休作《请孟子为学科书》，要求将《孟子》列入明经科考试科目（《皮子文薮》），也未能上奏。韩愈呼吁道："求观圣人之道者，必自《孟子》始。"（《送王埙秀才序》）但也未能将《孟子》列入科举制度。

宋代有超过百部的《孟子》注解和论著出现，唐宋新儒家思想的兴起是直接的推动力，官方也开始将《孟子》纳入官学体系，加之宋代雕版印刷术的发展为《孟子》等儒家经典的传播提供了方便，《孟子》的地位和思想价值得到了空前的提升。北宋大中祥符年间，真宗命孙奭校定了赵岐的《孟子章句》并撰《孟子音义》。（徐松《宋会要辑稿·崇儒》）孙奭在《孟子音义·序》中说："总群圣之道者，莫大乎六经。绍六经之教者，莫尚乎孟子。"奏请"以孟轲书镂板"（司马光《涑水纪闻》）。后来福建有个姓徐的乡间士人为赵岐注的《孟子章句》撰写了《孟子注疏》，被坊间书商托名为孙奭所撰。（见余嘉锡《四库提要辨证》）宋神宗熙宁年间，王安石变法，十分推宗《孟子》，虽受到司马光等人的反对（见白珽《湛渊静语》卷二），但熙宁四年（1072）变革科举，罢诗赋取士，将《论语》《孟子》纳入科举考试第二场的科目，《论》《孟》从此并列为经。金灭北宋，将伪托孙奭的《孟子注疏》列入太学、府学统一使用的国子监雕印官方经典之中。（脱脱等《金史》卷五十一《选举志一》）南宋高宗抄写了《孟子》，刻入石经。理宗时陈振孙《直斋书录解题》"经部"著录"孙奭撰《孟子正义》十四卷"，说明南宋也奉其为官方定本，今存最早的《孟子》刊本就是南宋宁宗嘉泰、开禧年间雕印的赵岐注、孙奭疏《孟子注疏解经》。

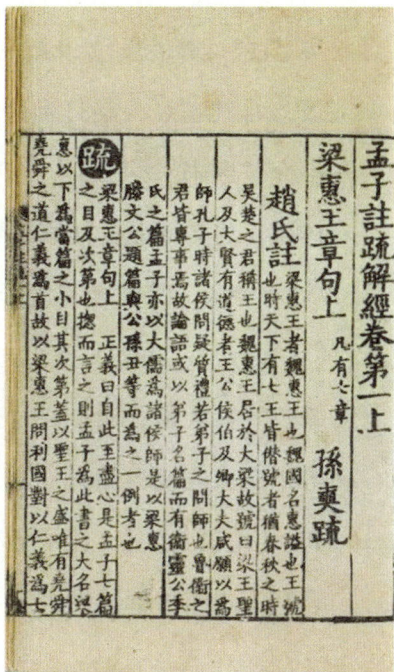

宋宁宗嘉泰年间刊本《孟子注疏解经》书影

　　《孟子》在宋代理学中的地位更为崇高。理学是一种思辨性和道德体验性很强的思想学说，他们特别拈出了儒家经典中的四种——《礼记》中的《大学》和《中庸》，还有《论语》《孟子》作为根本性的经典，建构了所谓的"四书"（"四子书"）经典体系。张载说："要见圣人，无如《论》《孟》为要。""《中庸》《大学》出于圣门，无可疑者。"（《经学理窟·义理》）程颐说："学者当以《论语》《孟子》为本。《论语》《孟子》既治，则六经可不治而明矣。"（《二程语录》）朱熹说："《语》《孟》《中庸》《大学》是熟饭，看其它经，是打禾为饭。"（《朱子语类》）他们之所以如此推介"四书"，是因为"四书"大大简化、凝练了儒家的经典体系，为传播弘扬儒家思想开了方便法门。道学家中，程颐著《孟子解》，游酢著《孟子杂解》，杨时著《孟子义》，尹焞著《孟子解》，直至朱熹，选取程颢、程颐、张载、范祖禹、吕希哲、吕大临、谢良佐、游酢、杨时、侯仲良、尹焞、周孚先等十二家之说，编为《孟子精义》，又作《大学章句》《中庸章句》《论语集注》《孟子集注》，称为"四子书"或"四书"，后合刊为《四书章句集注》。

元明时期《孟子》的注解和论著数量更多。朱子的《四书章句集注》在这一时期被官学化，成为科举取士的圭臬，因此大多数的《孟子》注解和论著都是围绕朱子《孟子集注》展开的。元仁宗皇庆二年（1313），规定科举考试的经义从朱熹《四书章句集注》《易本义》《诗集传》、蔡沈《书集传》、胡安国《春秋传》、古注疏《礼记》中出题。明朝又规定用八股文取士，仍从上述"四书""五经"中出题。明成祖永乐十二年（1415），敕命翰林院学士胡广等编纂《五经大全》《四书大全》和《性理大全》，次年告成，明成祖亲自作序，颁行为官方教本和科举依据。此书以一年时间草率编成，其中的《四书大全》不过是对元代倪士毅《四书辑释》的抄改，但由于官方的权威和科举的激励，坊间翻刻、传播数量极大，因而在民间文化甚至东亚地区的影响巨大，一方面实现了儒家思想和理学思想的普及，一方面也限制了思想和学术的创新，为后世所诟病。

元明时期比较有思想学术价值的《孟子》类著作，有元代金履祥《孟子集注考证》、许谦《读四书丛说》、赵惪《四书笺义》、张存中《四书通证》等，明代蔡清《四书蒙引》《四书图史合考》、陈士元《孟子杂记》等，大都是考订、疏证、阐说朱子《孟子集注》的著作。

四書集註大全凡例

一四書大書朱子集註諸家之說分行小書凡集成輯
釋所取諸儒之說有相發明者采附其下其背戾者
不取凡諸家語錄文集內有發明經註而集成輯釋
遺漏者今悉增入

一註文下凡訓釋一二字或二三句者多取新安陳氏
之說

一引用先儒姓氏

朱子　熹　仲晦　新安

鄭氏　玄

孔氏　穎達

明內府刊本《四書集注大全》書影

孟子　　　朱熹集注序說

史記列傳曰孟軻　鄒人也　族
趙氏曰孟子鄒之後漢書
注云字子車子輿　騶人也本邾國也
說字子輿
子思之門人　子云思孔伋以人為名伋字
既通　書趙氏
孟子親受業　程子曰孟子
及孔子孫子思未知是否
可以止則止　時可者也故知
可以久則久　可者莫速如則仕
然後孟子春秋作　又曰春秋述無義戰又曰

南宋刊本朱子《四書章句集注》書影

清代学术，特别是乾嘉时期兴起的朴学，其治学方法有别于宋明理学的义理思辨，走向文献考订与文本阐释。因此清代学术反对宋明理学脱离文献、空言立义的学风，重视文字训诂与古训疏证，在研究字义和典章制度的基础上理解经义。清代阐释《孟子》最具思想深度的著作是戴震的《孟子字义疏证》，他也自诩此为平生

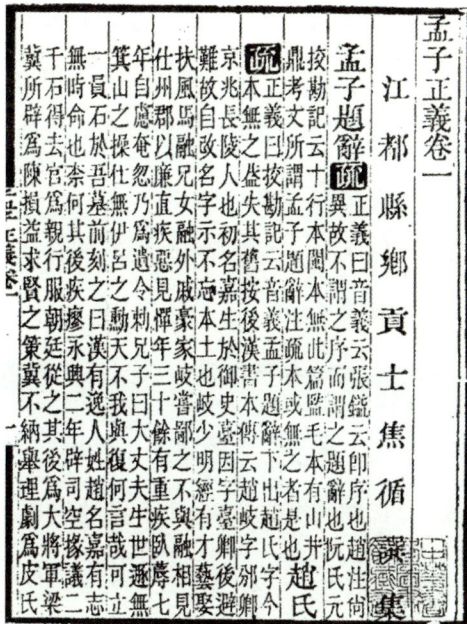

清焦氏雕菰楼刊本《孟子正义》书影

第一著述。清代《孟子》注释的代表作是焦循的《孟子正义》，不仅考订了赵岐《孟子章句》的文本，而且采用通经释义的方法，将《孟子》的思想与儒家六经贯通解释，勾勒出《孟子》思想的历史语境，进而广采经史文献，备引清儒六十余家之说，特别是戴震的学说，成为乾嘉学派的力作，被梁启超先生誉为"新疏家模范作品"（《中国近三百年学术史》）。清代其他有

关《孟子》的著作尚有王夫之《读四书大全说》、毛奇龄《四书賸言》、周广业《孟子四考》、宋翔凤《孟子赵注补正》、李光地《读孟子札记》、桂文灿《孟子赵注考证》等。此外还有牛运震《孟子论文》，其是一部专论《孟子》文学的论著，分析了《孟子》的文章技巧和语言艺术。晚清维新变法失败后，康有为作《孟子微》，将《孟子》全书重加编辑，发明孟子传承的《春秋》微言大义，借此表达自己的社会政治理想。

总之，《孟子》不仅是一部先秦儒家的伟大经典，也是一部时代性、创发性很强的经典。它具有丰富的阐释空间，能为不同的时代提供思想资源，因而不断地跨越历史的时空。

当今之世，舍我其谁——人生与抱负

1. 母教和孟子的人生

孟子虽是儒家的大贤亚圣，但与他同时的人，对他在道德礼法方面的修为并非没有质疑，包括他的学生。《公孙丑下》曰：

孟子自齐葬于鲁，反于齐，止于嬴。充虞请曰："前日不知虞之不肖，使虞敦匠，事严，虞不敢请。今愿窃有请也，木若以美然。"曰："古者棺椁无度，中古棺七寸，椁称之。自天子达于庶人。非直为观美也，然后尽于人心。不得，不可以为悦；无财，不可以为悦。得之为有财，古之人皆用之，吾何为独不然？且比化者，无使土亲肤，于人心独无恔乎？吾闻之君子：不以天下俭其亲。"

山东邹城孟庙"亚圣庙"石牌坊

孟庙亚圣殿

在《孟子》书中，孟子从来没有提到自己的父亲，但是对母亲感情极深。他从齐国到鲁国安葬母亲，按照顾炎武的考证，之所以称"葬"而不说"丧"，应该是改葬。按照礼制，改葬后就可以除掉丧服，不必守丧三年。所以孟子回鲁国营葬母亲之后，就可以回到齐国卿大夫的任上。（《日知录》"孟子自齐葬于鲁"）在返回的路上，帮他办理丧事的弟子充虞忍不住请教老师：为什么要用如此贵重的棺木厚葬自己的母亲？孟子说棺木的尺寸等级规定是历史形成的，但无论贵贱，都尽量追求棺木的美好，因为要尽到对亲人的孝心。有的人因为礼制的规定而不能买好的棺木，有的人因为没有钱而买不成好的棺木，这都是很遗憾的事。如果既符合礼制又有钱的话，古人都可以厚葬亲人，我为何不可呢？难道仅仅做到让亲人有口棺材，不让肌肤接触土壤就能安心了吗？我听君子们说，如果能用天下人所能享用的一切东西来安葬父母的话，是不会吝惜的！

孟子告诉弟子，自己葬母并不违背礼制，更重要的是，他借此向学生阐述了礼制的本质并非外在的礼法教条，而是人们内在的道德情感。这和孔子所说的"礼云礼云，玉帛云乎哉？乐云乐云，钟鼓云乎哉？"（《论语·阳货》）的意思是一样的。

不过这件看似违礼的事，也给小人诽谤他制造了借口。《孟子·梁惠王下》曰：

鲁平公将出。嬖人臧仓者请曰："他日君出，则必命有司所之。今乘舆已驾矣，有司未知所之。敢请。"

公曰："将见孟子。"

曰："何哉？君所为轻身以先于匹夫者，以为贤乎？礼义由贤者出。而孟子之后丧逾前丧。君无见焉！"

公曰："诺。"

乐正子入见，曰："君奚为不见孟轲也？"

曰："或告寡人曰，'孟子之后丧逾前丧'，是以不往见也。"

曰："何哉？君所谓逾者，前以士，后以大夫；前以三鼎，而后以五鼎与？"

曰："否。谓棺椁衣衾之美也。"

曰："非所谓逾也，贫富不同也。"

乐正子见孟子，曰："克告于君，君为来见也。嬖人有臧仓者沮君，君是以不果来也。"

曰："行或使之，止或尼之。行止非人所能也。吾之不遇鲁侯，天也。臧氏之子，焉能使予不遇哉？"

孝是古代最基本的道德，鲁平公的宠臣臧仓为了阻止鲁平公去见孟子，就拿孟子"后丧逾前丧"来说事。所谓"后丧逾前丧"，就是说孟子厚葬母亲，其规格超过安葬先前亡故的父亲，违背或僭越了礼制。孟子的弟子乐正子向自己的君主鲁平公解释说：孟子从前还是个士的时候，只能按照士的礼仪等级对待他父亲的丧、祭之事，用三只鼎来行祭祀，而他母亲死的时候，孟子已经是个大夫了，可以用五只鼎。你说的"后丧逾前丧"指的是这个吗？鲁平公知道这并不违礼，只能强辞夺理地说并非如此，而是他给他母亲用的棺椁和衣被太豪华了。乐正子说，这不叫违背礼制，而是经济条件前后不同罢了，孟子当然可以厚葬自己的母亲。乐正子去告诉孟子，鲁平公受阻于小人臧仓。孟子却说这只是天意的安排，和小人的诽谤无关。言下之意是：命运没有安排自己在鲁国实现政治抱负。

孟子的生平事迹就是《史记·孟子荀卿列传》中的简短的137个字：

孟轲，邹人也。受业子思之门人。道既通，游事齐宣王，宣王不能用。适梁，梁惠王不果所言，则见以为迂远而阔于事情。当是之时，秦用商君，富国强兵；楚、魏用吴起，战胜弱敌；齐威王、宣王用孙子、田忌之徒，而诸侯东面朝齐。天下方务于合从连衡，以攻伐为贤，而孟轲乃述唐、虞、三代之德，是以所如者不合。退而与万章之徒序《诗》《书》，述仲尼之意，作《孟子》七篇。

比起孔子，孟子的传记文字真是少得可怜。《孟子》这本书，尽管是孟子和弟子合作编撰的，但重在记录孟子的言说与辩论的内容，几乎看不到孟子的生活场景，这与孔子的弟子们追忆老师言行的《论语》大不相同。《论语》的文字篇幅短小隽永，孔子及其弟子们的神采和场景栩栩如生。或者说，《孟子》如同谈话录，《论语》如同回忆录。太史公的文字尽管不多，还有些错误，比如将孟子见齐宣王放在见梁惠王之前，实际上齐宣王即位时，梁惠王已经死了，但它仍然是我们阅读《孟子》

的重要指南，《孟子》记载的孟子言行大致都能与此符合。

赵岐《孟子题辞》又补充了一些他的家世信息：

或曰："孟子，鲁公族孟孙之后，故孟子仕于齐，丧母而归葬于鲁也。三桓子孙，既以衰微，分适他国。"孟子生有淑质，夙丧其父，幼被慈母三迁之教。长师孔子之孙子思，治儒术之道，通《五经》，尤长于《诗》《书》。

春秋时，鲁桓公有四个儿子，嫡出的长子同继位，为鲁庄公；老二是庶出的，叫庆父或共仲，他的后代就称为仲孙氏，又因为他是庶出公子中的老大，所以也称他的后代为孟孙氏；老三也是庶出的，叫叔牙，其后代称为叔孙氏；老四是嫡出的，叫季友，其后代称为季孙氏。孟孙氏、叔孙氏、季孙氏三家贵族皆是桓公之后，所以称作"三桓"。这三家逐渐把持了鲁国的政权，使得公室卑弱。后来他们干脆在鲁襄公十一年（前 560）"十二分其国民，三家得七，公得五，国民不尽属公，公室已是卑矣"（《左传》襄公十一年）。当然，正如孟子所云"君子之泽，五世而斩"（《离娄下》），到战国时代，不可一世的"三桓"

都已衰微不振，孟子大概就是孟孙氏家族的没落后代。

孟子名轲，见上引《孟子·梁惠王下》乐正子对鲁平公说的话里。孟子是战国诸子及其弟子对他的尊称。顾炎武认为，周代的贵族爵位分公、侯、伯、子、男五等，但到春秋时，诸侯的大夫有时僭越礼制，自称为"子"，后来执政的大夫卿士也自称为"子"，"其后则匹夫而为学者所宗，亦得称'子'，老子、孔子是也。又其后则门人亦得称之，乐正子、公都子之流是也"（《日知录》"大夫称子"）。

尽管古人下了许多文献考据的功夫，孟子的生卒年还是不可考实的，但据《孟子》书中所载孟子的言行，大概可知他的时代，即太史公所说的齐威王、梁惠王、齐宣王的时候，约在战国的中期，他自己也说过"由孔子而来至于今，百有余岁"（《尽心下》）。据说他活了八十四岁，民间将他与孔子寿七十三岁编成谚语，比如"七十三，八十四，阎王不来自己去"之类，其实是将圣贤的寿命作为生命价值的坐标而已。不过我们面对的真实的孟子并不是他本人，而是记载他的言行的《孟子》一书，所以，他的生卒年或生平细节对我们理解他的思想并不构成妨碍。

孟子对母亲的感情应该是很深的，因为孟母给中国人留下五个经典的母教故事，创下了中国古代母教的最高纪录，被誉为"母教一人"。这些故事都是西汉人讲述的，见于韩婴的《韩诗外传》和刘向的《列女传》。

《韩诗外传》中有三个故事：

一是"孟母断机"，也见于《列女传》。说孟母正在织布，听见孟子背诵《诗》《书》，中间停了下来，过会又背，便问孟子。孟子说："忘了词，后来又想起来了。"孟母拿起割布刀将自己辛辛苦苦织好的布划裂，对儿子说："这段布割断了，还能接上吗？"从此孟子再也不忘词了。

二是"东邻杀豚"。说孟子小时候，东边的邻居家杀猪。孟子问母亲："他家杀猪干什么？"孟母说："要给你吃呀！"说完便后悔失言。自思道："我怀孕期间就实施胎教，坐席不正则不坐，肉块不方也不吃。现在儿子有了智识，我反而欺骗他，这不是教他不诚实吗？"于是到邻家买了肉回来做给孟子吃。

三是"孟子去妻"。说孟子的妻子在房中独处时，伸开

孟庙"孟母断机处""孟母三迁祠""子思子作中庸处"碑

双腿随便放松地坐着。孟子进去时看见了，跑去告诉母亲说："我要把她休弃了。"孟母问："为什么？"孟子回答说："她没有礼仪，伸着腿坐。"孟母问："你怎么知道的？"孟子说："我亲眼见到的。"孟母说："这就是你无礼了。《仪礼》上说：'进门时，要问问里面有没有人；登堂时，要先打招呼；进闺房时，眼光要向下看。'所以君子不能乘人不备。现在你进入夫妇两人的私密之处，不打招呼，让妻子自在随便的样子突然被你看见，这恰恰是你无礼，不是你妻子无礼啊！"孟子感到错在自己，不敢提休妻的事了。

《列女传》中有两个故事：

一是"孟母三迁"。说孟子家靠近墓地，孟子从小就喜欢模仿人们下葬、哭拜。孟母便将家迁到一个市场附近，可孟子又模仿商人卖东西。孟母又将家迁到学校附近，于是孟子喜欢模仿揖让行礼之事。孟母说："这才是我儿子应该住的地方！"

二是"孟子仕齐"。说孟子在齐国的时候，面有忧色，靠着廊柱，长吁短叹。孟母问他原委，孟子说："我听说，君子凭自身的能力做官，不随便接受赏赐，不贪图荣华厚禄。诸侯不听自己的话就不建言，听了不采纳就不去上朝。现在我的志向不能在齐国实现，而您的年事已高，我内心十分忧虑！"孟母听了，说："我们妇道人家的规矩是做好每天的饭菜，侍奉好公婆，浆洗缝补好家里的衣服，尽到自己的本分，从无非分之想，不自作主张，只有顺从的道理。未嫁出去时听从父母，嫁出去听从丈夫，丈夫死了听从儿子，这就是礼啊！现在你已经成人了，而我却老了。你应该按照你的道理去做事，我也只管按照我的规矩去做事。"

成长、婚姻和出仕，是古代君子一生中最重要的三个环节，孟母恰恰在这些环节都给了孟子深刻的教诲。

2. 孟子对孔子的继承

孟子最爱的人是母亲，最景仰的人就是孔子了。他的学生公孙丑曾经问他如何评判圣人的高下。《公孙丑上》曰：

曰："伯夷、伊尹何如？"

曰："不同道。非其君不事，非其民不使，治则进，乱则退，伯夷也。何事非君，何使非民，治亦进，乱亦进，伊尹也。可以仕则仕，可以止则止，可以久则久，可以速则速，孔子也。皆古圣人也，吾未能有行焉。乃所愿，则学孔子也。"

"伯夷、伊尹于孔子，若是班乎？"

曰："否！自有生民以来，未有孔子也。"

曰："然则有同与？"

曰："有，得百里之地而君之，皆能以朝诸侯、有天下；行一不义，杀一不辜，而得天下，皆不为也。是则同。"

曰："敢问其所以异？"

曰："宰我、子贡、有若，智足以知圣人，污不至阿其所好。宰我曰：'以予观于夫子，贤于尧、舜远矣。'子贡曰：'见其礼而知其政，闻其乐而知其德；由百世之后，等百世之王，莫之能违也。自生民以来，未有夫子也。'有若曰：'岂惟民哉！麒麟之于走兽，凤凰之于飞鸟，太山之于丘垤，河海之于行潦，类也。圣人之于民，亦类也。出于其类，拔乎其萃。自生民以来，未有盛于孔子也。'"

圣人实现理想的方式不一样：伯夷非常注重做事的条件，伊尹则是知其不可也要为之，而孔子能根据不同的条件采取不同的方式。孟子认为他们都是古代的圣人，以仁义作为自己的理想，都令他景仰，但是他更愿意以孔子作为学习的榜样，因为孔子达到的境界，自有人类以来，还没有能超过的。孔子的

（明）仿李唐《采薇图》

伯夷、叔齐采薇首阳山，不食周粟。伯夷气节坚贞，被孟子视为"圣之清者"。

（元）杜本《伊尹耕莘图卷》

伊尹未遇商汤之时，躬耕于有莘之野，隐居乐道，后以天下为己任，被孟子视为"圣之任者"。

学生如宰我、子贡、有若等对孔子的评价即便有些夸大，但不至于阿谀奉承，他们都认为孔子是前无古人的圣人。

孟子还比较了孔子和其他圣人的不同之处。《万章下》曰：

孟子曰："伯夷目不视恶色，耳不听恶声。非其君不事，非其民不使，治则进，乱则退。横政之所出，横民之所止，不忍居也。思与乡人处，如以朝衣朝冠坐于涂炭也。当纣之时，居北海之滨，以待天下之清也。故闻伯夷之风者，顽夫廉，懦夫有立志。

　　"伊尹曰：'何事非君？何使非民？治亦进，乱亦进，曰：天之生斯民也，使先知觉后知，使先觉觉后觉。予，天民之先觉者也。予将以此道觉此民也。'思天下之民，匹夫匹妇有不与被尧舜之泽者，若己推而内之沟中。其自任以天下之重也。

　　"柳下惠不羞污君，不辞小官，进不隐贤，必以其道。遗佚而不怨，厄穷而不悯，与乡人处，由由然不忍去也。尔为尔，我为我，虽袒裼裸裎于我侧，尔焉能浼我哉？故闻柳下惠之风者，鄙夫宽，薄夫敦。

　　"孔子之去齐，接淅而行。去鲁，曰：'迟迟吾行也，去父母国之道也。'可以速而速，可以久而久，可以处而处，可以仕而仕，孔子也。"

　　孟子曰："伯夷，圣之清者也；伊尹，圣之任者也；柳下惠，圣之和者也；孔子，圣之时者也。孔子之谓集大成。集大成也者，金声而玉振之也。金声也者，始条理也；玉振之也者，终条理也。始条理者，智之事也；终条理者，圣之事也。智，譬则巧也。圣，譬则力也。由射于百步之外也，其至，尔力也；其中，非尔力也。"

孟子认为，古代的圣人有不同的类型，像伯夷那样坚持自己的原则，决不同流合污的圣人，是"圣之清者"，他的气节，能让贪心的人变得廉洁，让懦夫变得坚强。像伊尹那样的怀着以天下为己任、觉民行道的使命的圣人，是"圣之任者"。像柳下惠那样的圣人，既能和光同尘，又能认真做事，是"圣之和者"，他的风度，能让小气的人变得宽容，让刻薄的人变得敦厚。

而孔子就不一样了，他在齐国不能行道，离开的时候连淘米水晾干做饭的功夫都等不了，而离开鲁国时说："这是我的父母之邦，慢些走吧！"这就是孔子，该快就快，该慢就慢，该出来做事就做，不该出来做事就不做。他是一个为了推行大道、实现理想而能够审时度势的圣人，所以是一个集大成的

山东曲阜孔庙大成殿

孔庙"金声玉振"石牌坊

圣人。什么叫"集大成"呢？演奏音乐时，序曲敲金钟，开启音乐的节奏和条理；尾声击玉磬，结束音乐的节奏和条理。人的境界也是这样有始有终，开始的时候具备智慧，最后成就圣德。智慧如同技巧，圣德好比力量。就像站在百步以外射箭，能射穿靶子，靠你的力量；而能射中靶心，就不是靠你的力量了。

正如美国思想家列奥·施特劳斯（Leo Strauss，1899—1973）所言，如果谁在有生之年能与一位伟大的思想家共世，那真是幸运。（列奥·施特劳斯《何为自由教育》）对于孟子来说，没见到孔子是他一生的不幸，但这丝毫不影响他继承孔子的遗产。赵岐说孟子"长师孔子之孙子思"，这在年代上是不可能的。司马迁说他"受业子思之门人"可能比较合理。但是孟子自己却说："君子之泽，五世而斩；小人之泽，五世而斩。予未得为孔子徒也，予私淑诸人也。""私淑诸人"就是没有师生关系，但自己认同一些圣贤来学习，赵岐注曰："淑，善也。我私善之于贤人耳。"

有人统计《孟子》书中涉及的孔门言行，除了孔子的言行出现了 26 处之外，曾子出现了 22 处，子思出现了 16 处，颜回出现了 7 处，子路出现了 6 处，其他如子夏、子游、子贡、子张、冉求、闵子等皆出现 1 至 3 处（杨泽波《孟子评传》），这大概可以反映孟子私淑的诸人。

"私淑"是个人对某种文化传统的认同和觉悟，这种自觉，在人类历史上具有特别重要的意义。凭借这样的自觉，伟大的思想家可以突破时空的局限，承担起文明和文化的使命。

3. 孟子的抱负

生活在战国时代的孟子和春秋时代的孔子一样，都是生不逢时的人。按照《史记》和赵岐《孟子题辞》的说法，孟子初仕于齐，此时的齐王应当是齐威王。但《孟子》中没有记载他与齐威王的对话。

尽管仕途上无大进展，但孟子在政治和文化方面一定会大开眼界。齐威王是一代霸主，在位 36 年，使齐国大治。公元前 374 年，齐威王的父亲田午弑其君齐康公的子孙，自立为齐侯，这便是战国史上的"田氏代齐"。《史记·滑稽列传》说齐威王"好为淫乐长夜之饮，沉湎不治，委政卿大夫。百官荒乱，诸侯并侵，国且危亡，在于旦暮，左右莫敢谏。"他的大臣淳于髡让他猜隐语，也就是谜语："国中有大鸟，止王之庭，三年不蜚（通"飞"）又不鸣，王知此鸟何也？"齐威王听出这是对他的进谏，便答道："此鸟不蜚则已，一蜚冲天；不鸣则已，一鸣惊人。""于是乃朝诸县令长七十二人，赏一人，诛一人，奋兵而出。诸侯振惊，皆还齐侵地。威行三十六年。"

在文化方面齐威王也有建树。他在首都临淄的稷门外立了一座著名的学宫，被称作稷下学宫，专门招揽天下的贤士和人才，推动了战国时期养士、尊士的风气，促进了诸子百家的思想交流与争鸣。西汉刘向在整理完《荀子》后写的《书录》中说："方齐宣王、威王之时，聚天下贤士于稷下，尊宠之。"宣王、威王当为误倒，东汉应劭《风俗通义·穷通篇》云："齐威、宣王之时，聚天下贤士于稷下，尊宠之。"《史记·田敬仲完世家》说：

宣王喜文学游说之士，自如驺（邹）衍、淳于髡、田骈、接予、慎到、环渊之徒七十六人，皆赐列第，为上大夫，不治

稷下学宫遗址

孟子生活的齐国，在都城临淄建造了稷下学宫，汇聚天下贤士论道讲学，出现了百家争鸣的局面，这或许造就了他犀利的辞锋。

而议论。是以齐稷下学士复盛，且数百千人。

所以，齐宣王只是复兴了齐威王设立的稷下学宫。稷下学者中有淳于髡、彭蒙、田骈、慎到、宋钘、尹文、儿说、告子等，包括道家、名家、墨家等。《孟子》当中记载有孟子与淳于髡、宋钘的对话；与告子辩论人性。他雄辩的才华及其对杨朱、墨翟学说的排斥，都能说明稷下对孟子有着重要的影响。

后来孟子听说宋王偃要行仁政，便要去。学生万章问他：

"宋，小国也，今将行王政，齐、楚恶而伐之，则如之何？"孟子却说："苟行王政，四海之内皆举首而望之，欲以为君；齐、楚虽大，何畏焉？"（《滕文公下》）但他到了宋国也不得志。孟子知道小国要吸引民众，就必须减轻负担，建议宋国实行什一税（十分之一），并免收市场营业税。可是宋国的大夫戴盈之却说："什一，去关市之征，今兹未能，请轻之，以待来年，然后已，何如？"也就是说先减点税，明年再说吧。孟子气得说："今有人日攘其邻之鸡者，或告之曰：'是非君子之道。'曰：'请损之，月攘一鸡，以待来年，然后已。'如知其非义，斯速已矣，何待来年？"（《滕文公下》）这便是"月攘一鸡"这个成语的由来。后来他接受了宋王馈赠的七十镒金便回邹国，途经齐国的薛邑时，需要雇人保护，又接受了薛地长官五十镒金的馈赠。（《公孙丑下》）

孟子在邹国时，鲁国和邹国打仗，邹穆公说我的官吏都战死了三十三人，老百姓却不肯出力，怎么办？孟子对曰："凶年饥岁，君之民，老弱转乎沟壑，壮者散而之四方者，几千人矣；而君之仓廪实，府库充，有司莫以告，是上慢而残下也。曾子曰：'戒之戒之！出乎尔者，反乎尔者也。'夫民今而后得反之也。君无尤焉？君行仁政，斯民亲其上，死其长矣。"（《梁惠王下》）官吏平时不关爱人民，只顾国家府库充实，瞒上欺下，人民穷困流离达千人。你们如何对人民，人民就会如何对你们，要想人民为国家出力，就不能怪罪人民而是要行仁政。这便是"出尔反尔"这个成语的由来。

不久，鲁平公即位，想要起用孟子的学生乐正克，孟子曰："吾闻之，喜而不寐。"（《告子下》）可是到了鲁国，平公的宠臣臧仓就进了谗言，使平公打消了去见孟子的念头。

此时，滕定公死了，他的世子即位，是为滕文公。滕文公很崇敬孟子。孟子在宋国时，滕文公以世子的身份出使楚国，往返经过宋国时，都向孟子请教。现在他不知道如何办理父亲的丧礼，便让人去询问孟子。孟子对来人说："三年之丧，齐疏之服，飦粥之食，自天子达于庶人，三代共之。"但是滕国人不干了，说我们的同宗国鲁国（滕国与鲁国都是姬姓国家）没有这种礼制，我们的先君也没有这种礼制。滕文公只好让人再去请教孟子，孟子说："上有好者，下必有甚焉者矣。君子之德，风也；小人之德，草也。草尚之风必偃。是在世子。"也就是说你只要自己率先去做便可。于是滕文公在丧庐中服丧五个月，不问国事，受到人们的赞许，认为他知礼。下葬时，人们从四面八方前来观礼，滕文公悲泣哀痛，令人感动。(《滕文公上》)后来滕文公将孟子请到滕国询问政事。但滕国太弱小，滕文公又多病，孟子很无奈，只能给他讲了一套小国如何生存的道理。

宋、邹、鲁、滕都是小国，孟子很难在这些逼仄的政治空间施展抱负。

此时，强大的魏国君主魏惠王，也就是梁惠王，正在"卑礼厚币以招贤者"，于是年事已高的孟子便与邹衍、淳于髡等稷下先生们都去了魏都大梁。但是梁惠王也已老暮，加之魏国屡被齐、秦、楚击败，特别是齐国的孙膑在马陵击杀魏将庞涓，俘虏了魏太子申，让魏国威风扫地。(《史记·魏世家》)所以，当这些稷下先生到达后，梁惠王便急切地问他们："何以利吾国？"孟子却回答道："为人君，仁义而已矣，何以利为！"《梁惠王上》记载孟子说："王何必曰利？亦有仁义而已矣。"战国时代攻战激烈，游说之士言必称利害，"仁义"二字是最不合时宜的。《战国策》记载纵横家苏代对燕昭王曰："仁义者，自完之道也，非进取之术也。"所以《史记》说孟子的学说"迂远而阔于事情"，他对诸侯说的都是些大道理，没有应对时事的策略，不能发挥"智库"的作用。孟子还见到了梁惠王的嗣君，即后来的梁襄王，发现他资质不佳，出来对人说："望之不似人君，就之而不见所畏焉。"（《梁惠王上》）所以，孟子到魏国也不是时候。

战国时各国都养士，吸引人才，所以士气高涨。司马迁说，阴阳家邹衍在齐国受到重用；到魏国，梁惠王亲自到国都郊外迎接；到赵国，平原君用衣袖给他擦拭坐席；到燕国，燕昭王扛着扫帚为他引路，表示扫尘敬迎。这与孔子困于陈、蔡，孟子困于齐、梁不可同日而语。（《史记·孟子荀卿列传》）不过，孔子周游列国困于陈、蔡，是绝粮之穷，而孟子困于齐、梁，应该是仕途受阻。东汉人应劭的《风俗通义·穷通篇》中说孟子"绝粮于邹、薛，困殆甚"。但从《孟子》中可见孟子在宋、薛、邹都受到礼遇与馈赠，应劭的叙事只是将他比附孔子而已。孟子出行，虽然没有邹衍威风，但是阵仗也不小。《滕文公下》曰：

　　彭更问曰："后车数十乘，从者数百人，以传食于诸侯，

（明）《孔子圣迹图》之《陈蔡绝粮图》

孔子周游列国，曾经困于陈、蔡，而孟子亦曾困于齐、梁，他们在实现自己的学说主张时都遭遇过艰辛。

不以泰乎？"

　　孟子曰："非其道，则一箪食不可受于人；如其道，则舜受尧之天下，不以为泰。子以为泰乎？"

弟子彭更觉得老师带着几十辆车、几百号人，从一个国家吃到另一个国家，也不帮人家做些实事，有点过分了。但在孟子看来，士奔走于天下不是为了谋取食禄，而是为了仁义，为了行道，实现理想，这才是天下最需要的大事。不要说接受招待，就是接受天下也不过分。

孟子还教导弟子们藐视权贵。《尽心下》曰：

孟子曰："说大人，则藐之，勿视其巍巍然。堂高数仞，榱题数尺，我得志弗为也。食前方丈，侍妾数百人，我得志弗为也。般乐饮酒，驱骋田猎，后车千乘，我得志弗为也。在彼者，皆我所不为也。在我者，皆古之制也。吾何畏彼哉？"

和诸侯们说话，要藐视他，不要将他看成高高在上的人。因为他们的高堂大屋、美酒佳肴、妻妾成群、饮酒作乐、驰骋游猎、车骑威风这些违礼的东西都不是我们追求的，所以我们不必畏惧他们。

儒家一方面汲汲于用世，一方面坚持君臣关系不是功利性的利益交换关系，而是道义的结合。所以孟子主张仕而有道。《滕文公下》曰：

周霄问曰:"古之君子仕乎?"

孟子曰:"仕。《传》曰:'孔子三月无君,则皇皇如也,出疆必载质。'公明仪曰:'古之人,三月无君则吊。'"

"三月无君则吊,不以急乎?"

曰:"士之失位也,犹诸侯之失国家也。《礼》曰:'诸侯耕助,以供粢盛;夫人蚕缫,以为衣服。牺牲不成,粢盛不洁,衣服不备,不敢以祭。''惟士无田,则亦不祭。'牲杀、器皿、衣服不备,不敢以祭,则不敢以宴,亦不足吊乎?"

"出疆必载质,何也?"

曰:"士之仕也,犹农夫之耕也。农夫岂为出疆舍其耒耜哉?"

曰:"晋国亦仕国也,未尝闻仕如此其急。仕如此其急也,君子之难仕,何也?"

曰:"丈夫生而愿为之有室,女子生而愿为之有家。父母之心,人皆有之。不待父母之命,媒妁之言,钻穴隙相窥,逾墙相从,则父母、国人皆贱之。古之人未尝不欲仕也,又恶不由其道。不由其道而往者，与钻穴隙之类也。"

孟子在魏国时，一个叫周霄的人觉得孟子既汲汲于谋求官职，又不随便迁就，实在想不通，便来问孟子：古代君子是不是都很热衷于出仕做官。孟子告诉他就是孔子这样的圣人，三个月没有官做就很着急，离开国境时都带着见面礼。还有一个叫公明仪的人说，三个月没有被君主聘用，就要去安慰他了。因为士没有官位就和诸侯丢了国家一样。按照《礼》的规定，诸侯和他的夫人都要亲自耕织，才能备好祭祀用的牺牲、器用和衣服，如果他丢了国家，就不能祭祖，不能宴飨了，这还不值得安慰吗？至于君子出境都要带上见面礼，这就和农夫到哪儿都要带上农具一样。周霄说：晋（魏）国也是个可以做官的国家，但为什么要这么着急，既然着急，为什么又不轻易就职，这又是为什么？孟子说：就如同男子生下来，父母就希望他将来有家室；女子生下来，父母就希望她将来能嫁人。父母之心，人皆有之。可是如果不待父母之命，媒妁之言，便钻洞穿隙，翻墙约会，那么就招致父母和国人的蔑视。因此，古代的君子未尝不愿做官，但又厌恶不由正道谋得官职，就像那些私奔的男女一样。

那么，什么是君子出仕的正道呢？孟子有所谓"三就三去"的原则。《告子下》曰：

陈子曰："古之君子何如则仕？"

孟子曰："所就三，所去三。迎之致敬以有礼，言将行其言也，则就之。礼貌未衰，言弗行也，则去之。其次，虽未行其言也，迎之致敬以有礼，则就之。礼貌衰，则去之。其下，朝不食，夕不食，饥饿不能出门户，君闻之，曰：'吾大者不能行其道，又不能从其言也。使饥饿于我土地，吾耻之。周之。'亦可受也，免死而已矣。"

陈臻是孟子的弟子。他问老师古代君子出仕做官的原则。孟子说：如果待之有礼，言听计从，就接受聘任；当礼貌仍然周到，但不再言听计从时就走。如果待之有礼，但不言听计从，也可以接受聘任；当礼貌不再周到时就走。如果每天饭都吃不上，饿得出不了门，此时君主来接济，给个官做，说："我不能实现他的学说，又不听从他的意见，让他在我这里没有俸禄，忍受饥饿，是我的耻辱。我会周济他。"这时也可以接受。

所以，"三就"和"三去"是不同层次的道义契约。一开始约定礼遇并且言听计从的，便以是否言听计从作为去就的原则；一开始约定只是礼遇的，便以是否礼遇作为去就的原则；而对处于穷困境地的君子来说，君主是否主动真诚地周济，也可以是去就的原则。因为君子承担着道，他的出仕与否并不能以私利衡量，他的身体也不属于他自己。

公元前319年，齐宣王即位，孟子还是来到齐国，宣王聘他为卿大夫，但是孟子并不满意。《公孙丑下》记载了他和齐宣王之间的一次较量。

正准备前去朝见齐宣王的孟子，听到齐王派人来传达说："我本来应该主动来看望您，可是感冒了，不能吹风。如果您能来见我，我就出来视朝，不知您能否让我见到您？"孟子看出齐王的虚情假意，不能礼贤下士，还要找借口炫耀自己的尊贵。于是他马上回复齐王："我也病了，不能来朝见。"第二天，孟子去东郭大夫家吊丧。学生公孙丑说："昨天您托病辞谢大王的召见，今天您又去吊丧，好像不合适吧？"孟子说："昨天我生病，今天病好了，为什么不能出去吊丧？"

齐王听了孟子的托辞，也想试探孟子是不是找借口，于是第二天派了医生跟随使者来探望。孟子的家人孟仲子急了，对使者说："昨天他得了点小病，不能应大王之召上朝，今天刚好一点就去上朝了，但我不知道他有没有到那儿。"打发了使者，孟仲子赶紧让人去半路上拦截孟子，让他快快上朝。

孟子无奈，只得躲到朋友景丑氏家里去过夜。景丑对孟子说："家中有父子，外面有君臣，这是人之大伦。父子之间讲究恩情，君臣之间讲究敬意。我看到王敬重您，没见您敬重王啊！"孟子反驳道："你这是什么话！你们齐国人没有一个和大王谈论仁义的，难道他们认为仁义不美吗？只是他们心里想：大王岂是一个值得和他谈论仁义的人！这是对大王最大的不敬！我对大王，非尧舜之道不敢陈说，你们齐人有像我这样尊敬大王的吗？"景丑说："我不是和您谈这个道理。按照礼法，父亲召唤，说声'唯'就起身。君主召唤，不等车驾备好就先走。您本来倒是要去朝见大王的，一听到王召见反而不去了，这也不太符合礼法吧？"孟子说："曾子说过，晋国和楚国的富有，我达不到。他们凭借富有，我凭借仁德；他们凭借爵位，我凭借道义，我有什么比不上他们？这些话如果不正确，曾子会讲出口吗？这大概是有道理的。天下有三样公认的尊贵之事，一是爵位，二是年齿，三是德行。朝廷上以爵位为尊，乡里以年齿为尊，辅助国家治理人民以德行为尊。大王怎么能凭借爵位之尊怠慢我年齿、德行之尊。所以，凡是大有作为的国君，一定有不听召唤的臣子，有事一定要亲自去访问。他如果真要尊德乐道，不这样就不能有所作为。因此商汤先以伊尹为师，再任用他为大臣，所以容易称王；齐桓公先以管仲为师，再任用他为大臣，所以容易称霸。当今天下诸侯旗鼓相当，却不能胜出，没有其他原因，就是喜欢听话的臣子，不喜欢能做老师的臣子。商汤不敢召伊尹，桓公不敢召管仲。管仲都不能召唤，何况像我这种连管仲都看不上的人呢？"

可是违心的事一件件地出现。不久滕文公薨，孟子奉使前往滕国吊丧。宣王派盖地的大夫王驩为副使。此人仗着自己是宣王的宠臣，专断行事。孟子本来就看不起这种谄媚的人，所以往返途中都不和他交谈。(《公孙丑下》)

又过了几年，孟子和宣王发生了矛盾。《公孙丑下》曰：

沈同以其私问曰:"燕可伐与?"

孟子曰:"可。子哙不得与人燕,子之不得受燕于子哙。有仕于此,而子悦之,不告于王而私与之吾子之禄爵,夫士也亦无王命而私受之于子,则可乎?何以异于是!"

齐人伐燕。或问曰:"劝齐伐燕,有诸?"

曰:"未也。沈同问:'燕可伐与?'吾应之曰:'可。'彼然而伐之也。彼如曰:'孰可以伐之?'则将应之曰:'为天吏则可以伐之。'今有杀人者,或问之曰:'人可杀与?'则将应之曰:'可。'彼如曰:'孰可以杀之?'则将应之曰:'为士师则可以杀之。'今以燕伐燕,何为劝之哉!"

宣王五年(前315年)燕国发生内乱,原因是燕王子哙竟然头脑发昏,效仿古代尧舜禅让,将王位禅让给大臣子之,引发燕国政治动乱。齐国的大臣沈同私下询问孟子可否伐燕,孟子说可以,因为他们之间的王位禅让是私相授受。等到齐人讨伐燕国后,有人问孟子:是您劝齐国伐燕的吗?孟子说:没这回事,沈同当时如果再问我谁能讨伐燕国,我必将回答:只有奉行天命的天吏才有权力讨伐。就好比有人杀了人，有人问该不该杀了他抵命，当然回答说该杀。但如果问谁可以来杀他，当然只有法官可以杀。现在讨伐燕国的却是一个和燕国一样缺乏道义的国家，我干嘛要鼓动它讨伐？

然而齐宣王并没有听懂孟子的批评，打下燕国的都城后，还恬不知耻地来问孟子可否吞并燕国："以万乘之国伐万乘之国，五旬而举之，人力不至于此，不取，必有天殃。取之，何如？"孟子说："取之而燕民悦，则取之。古之人有行之者，武王是也。取之而燕民不悦，则勿取。古之人有行之者，文王是也。以万乘之国伐万乘之国，箪食壶浆，以迎王师。岂有他哉？避水火也。如水益深，如火益热，亦运而已矣。"（《梁惠王下》）孟子提醒他，只有文王、武王那样解民于水深火热的战争，才是正义的。如果给人民带来更深的水、更烈的火，人民只能奔走逃避，你自己考量吧。

果然，宣王又来找孟子，说诸侯们都联合伐齐，怎么办？孟子说："今燕虐其民，王往而征之。民以为将拯己于水火之中也，箪食壶浆，以迎王师。若杀其父兄，系累其子弟，毁其宗庙，迁其重器，如之何其可也？天下固畏齐之强也，今又倍

地而不行仁政，是动天下之兵也。王速出令，反其旄倪，止其
重器，谋于燕众，置君而后去之，则犹可及止也。"（《梁惠王
下》）打下燕国后却残害人民，毁坏宗庙，掠夺文物，天下诸侯
本来就担心齐国强大，现在扩大了土地，又不行仁政，这不招
致天下的反对吗？只有将燕国还给燕人，赶紧撤兵，或许还来
得及。但是宣王心存侥幸，燕国人民果然奋起反抗，齐国被迫
撤军。宣王曰："吾甚惭于孟子。"（《公孙丑下》）

失望的孟子向宣王提出"致为臣而归"，要致仕还乡。宣
王亲自来挽留，还说要建造宫室，厚养孟子和他的弟子，但都
被孟子拒绝了。（《公孙丑下》）

孟子出仕很晚，而齐国是孟子一生逗留时间最长，也是
最强大的国家，因为他的抱负需要一个广阔的天地。这次离开
齐国，孟子可能有些绝望。离开国都后，他特地在昼这个地方
住了三个晚上，但没有等到宣王派来召回他的使者。《公孙丑
下》曰：

孟子去齐，尹士语人曰："不识王之不可以为汤武，则是

不明也。识其不可，然且至，则是干泽也。千里而见王，不遇
故去，三宿而后出昼，是何濡滞也！士则兹不悦。"

高子以告。

曰："夫尹士恶知予哉！千里而见王，是予所欲也。不遇
故去，岂予所欲哉！予不得已也。予三宿而出昼，于予心犹以
为速，王庶几改之。王如改诸，则必反予。夫出昼而王不予追
也，予然后浩然有归志。予虽然，岂舍王哉？王由足用为善；
王如用予，则岂徒齐民安，天下之民举安。王庶几改之，予日
望之。予岂若是小丈夫然哉！谏于其君而不受则怒，悻悻然见
于其面，去则穷日之力而后宿哉！"

尹士闻之曰："士诚小人也。"

尹士这个人不能理解孟子的境界。他说：孟子不能判断出齐王本
来就不是汤武那样的王者，是不明智；知道这一点后还来齐国，
是为了干禄求富贵；不受待见就愤然离去，却又在昼停滞三天等
待挽留。这样的行事方式让人感到不高兴。孟子在齐国收的学生
高子跑到昼来转告尹士的话。孟子说：来齐国是我的愿望，不被

齐王知遇而离开，难道是我所愿？我不得已而为之啊！我在昼住了三个晚上，都觉得时间过得太快，如果齐王悔改，一定会来请我回去；停了三天王不来追我，我才下决心回去。我难道是舍不得齐王吗？他如能用我，我岂止能让齐国安定，我要让天下人安定。我只是希望王或许还能悔改，我难道是那些负气的小人吗？所以，孟子不仅志向远大，而且非常自负。

在回乡的路上，他再次对学生表明了自己的抱负。《公孙丑下》曰：

孟子去齐，充虞路问曰："夫子若有不豫色然。前日虞闻诸夫子曰：'君子不怨天，不尤人。'"

曰："彼一时，此一时也。五百年必有王者兴，其间必有名世者。由周而来，七百有余岁矣。以其数则过矣；以其时考之则可矣。夫天未欲平治天下也；如欲平治天下，当今之世，舍我其谁也？吾何为不豫哉！"

弟子充虞觉察到老师的不悦，于是用孟子以前的教导排解他

汉瓦当墨拓"维天降灵，延元万年，天下康宁"。

孟子以平治天下为己任，却一生未能施展政治抱负。

的心情。孟子此时英雄末路，不禁感叹道："彼一时，此一时啊！历史上每过五百年一定会有王者兴起，一定会出现一些重要的圣贤人物。上天大概是不想让天下太平了啊！如果想让天下太平，当今之世，除了我还有谁呢？我有什么不快乐的呢？"

回乡之后，他再也没有出仕，与弟子万章、公孙丑等人著书立说，直至终老。《孟子》一书，应该是他的学生万章、公孙丑等编纂而成的。清代思想家魏源《孟子年表》指出，《孟子》中其他弟子如公都子、屋庐子、乐正子、徐子等都不直呼其名，只有万章、公孙丑称名，这该是由他们"亲承口授而笔之书"。

三 我善养吾浩然之气——文化精神的创新

1. 良知：人性的深处

儒家是一个承前启后的思想流派。所谓承前，是它继承了西周礼乐文明的传统。这个传统重视培养社会成员的伦理道德和文化修养，但当春秋时代礼崩乐坏、道德沦丧之时，儒家的创始人孔子并没有怀疑传统，而是"述而不作，信而好古"（《论语·述而》），自觉地继承这个传统，仍然依靠提升个人来重塑文明的秩序，走的是"克己复礼"的道路。所谓启后，是它开启了诸子的时代，即个体思想的创发时代。儒家最重要的创发在于反省了人的本质，重估了人的价值，重建了伦理道德的秩序。任何伦理学说都要首先讨论人是什么，提出自己的人性论。这些人性论都是以逻辑意义上的假说或是形而上学作为立论的基础，但却是人类思想方法在轴心时代的一大进步。在中国思想史上，孔子和孟子首先提出了新的人性观念。

孔子对于人性说得不多，让他的学生感到很失望："夫子之言性与天道，不可得而闻也。"(《论语·公冶长》)他只说过："性相近也，习相远也。"(《论语·阳货》)意为人的本质都差不多，但后天教养形成的文化行为差别很大。孔子又说："天生德于予。"(《论语·述而》)意为上天赋予我美德。这话听起来有点神秘，但孔子说出这句话非常了不起，因为他不是在说一个客观的现象，而是表达了个人的道德自觉：我的人生承载着人类的美德，因而也就有实现这些美德的能力和责任。他让道德成为人生的价值和使命。我们的美德是后天教养而成的，还是人性中本来就有的，孔子没有明说。如果我们认为，人的自然本性都是一样的，美德都是后天养成的，那么在伦理学中，尽管实现了人性的平等，却是没有价值的，因为人成了被动的、有待的、被塑造的对象。后来荀子讲"性恶"，讲"化性起伪"，就是这个思路。

但是孟子的伦理学是另一种思路——着力论证人性中为什么具有道德性，将人确立为道德和文化的主体和实现的目标，而不是实现某种教化目标的对象。人性中天生具备道德性，这似乎是不符合客观事实的，也不能被科学证明，但我们不要忘记一个重要的前提：人不仅是自然物种进化的产物，也是历史文化实践的产物。自然的"天"和历史的"古"共同构成文化意义上的"天"，因此每个人具有的道德判断和实践能力，决不仅仅来自后天的教育，还来自人这个物种独特的在长期的历史文化实践中形成的可以接受教育的禀赋，也可说是"德"，在这个意义上，我们完全可以说"天生德于予"。正是孟子发展了孔子这样的思想。

孟子的人性论是和其他稷下诸子辩论出来的。有一次，孟子和告子讨论了何为人性这个最为基本的问题。《告子上》曰：

告子曰："生之谓性。"

孟子曰："生之谓性也，犹白之谓白与？"

曰："然。"

"白羽之白也，犹白雪之白；白雪之白，犹白玉之白与？"

曰："然。"

　　"然则犬之性犹牛之性，牛之性犹人之性与？"

告子说："生之谓性。"（《告子上》）这个观点是当时的通识，人的"性"是"生"，意为出生、天生、本来，换言之，就是人的自然性。后来荀子表述得更准确："生之所以然者谓之性。""不事而自然谓之性。"（《荀子·正名》）于是孟子便顺着告子的话提问：按照"生之谓性"的逻辑，"白"这个概念指代的一种自然性应该普遍存在于白羽、白雪、白玉当中了？告子皆表示同意，因为这个命题中的名与实都是相符的。眼看告子上了圈套，孟子接着问他"性"这个概念指代的一种自然性是否普遍存在于犬、牛和人身上呢？告子一听便无语了。为什么呢？因为当孟子将人与犬、牛这些动物归作一类时，告子的命题好像突然失去了普适性。

　　其实，按照"生之谓性"的逻辑推理，人和犬、牛的"性"当然是一回事，因为任何种类的事物都有其客观、自然的本质，告子完全可以说"然"。可是，告子毕竟是一个人，他的"下意识"突然跳出来切断了他与动物的关系。这说明，人和动物有一个很大的不同：人具有自我意识，也就是孟子说的"心"。

　　孟子的设问启动了作为人类的告子身上独有的东西——自我意识。他提醒告子，人和事物一样，具有各自的自然本性，但是"生"字旁边加上了"心"字才是"性"字，"性"才是被人意识到的本性，是一种观念，或者说，"性"仅仅是人的意识。

　　至此，我们发现孟子谈论的"性"根本就不是人的自然本性，而是人的一种自我意识，其实就是人的文化意识。孟子当然知道人和动物一样都有其自然本性，但是他提出了一种新的人性观念，是为了界定人的价值，将这种价值作为人之所以为人的依据。

　　现代新儒家哲学家牟宗三先生曾经用"仁义内在，性由心显"（刘述先《孟子心性论的再反思》）八个字概括孟子的人性论，他在《〈孟子·告子篇上〉第六章释义》中有一段讲解，阐明了孟子人性论的创新之处及其在中国思想史上的意义：

　　孟子所以认为"性"能被我们直觉，其关键在心，因为心能直觉。"性"的能是"心"，所以心不是抽象的。性是客观地说，比较抽象、笼统和空洞。它的具体而真实的内容，要通过主观的心来了解。

……

在"生之谓性"的原则下，人性与犬马之性的不同，只表示"类"的不同，绝不能表示人与犬马的价值上的不同，价值是属于道德问题的。

……

告子论性与孟子论性不一定矛盾，两者可以并存。告子"生之谓性"代表一个古老传统；而孟子论性的途径却是一种创造，它背后的根据是孔子的"仁"。这可见出两个论性的传统。"生之谓性"的传统经孟子批判后，还没有湮灭，到了汉代，便是以"气"说性的讲法，王充、扬雄便是如此。在宋代就以"气质之性"来概括。孟子以心说性，所谓"心"，是 moral mind，是宋儒所谓"义理之性"，用孟子自己的词语来说就是仁义之心。

所以，传统的人性论是知识论的，孟子的"性"是价值论的。心性论是孟子人性论的特点，他将"心"作为"性"的本体，道德就不再是外在的、抽象的规范或空洞的说教，而是时时经过内心的判断之后不断内化的具体实践。

《告子上》阐论了心与其他感官的区别：

公都子问曰："钧是人也，或为大人，或为小人，何也？"

孟子曰："从其大体为大人，从其小体为小人。"

曰："钧是人也，或从其大体，或从其小体，何也？"

曰："耳目之官不思，而蔽于物。物交物，则引之而已矣。心之官则思，思则得之，不思则不得也。此天之所与我者，先立乎其大者，则其小者弗能夺也。此为大人而已矣。"

1973 年在湖南长沙马王堆 3 号汉墓中出土的帛书、1993 年在湖北荆州郭店出土的战国楚简，其中皆有《五行》，学界多认为是子思、孟子学派的文献。马王堆帛书的《五行》第二十二章也有类似的表述：

耳目鼻口手足六者，心之役也。

西汉马王堆帛书《五行》

选自裘锡圭主编《长沙马王堆汉墓简帛集成》，中华书局 2014 年。

战国郭店楚简《五行》

选自荆门市博物馆编《郭店楚墓竹简》，文物出版社 1998 年。

　　心也者，悦仁义者也。此数体者皆有悦也；而六者为心役，何也？曰：心贵也。有天下之美声色置此，不义，则不听弗视也；有天下之美臭味置此，不义，则弗求弗食也。

　　耳目鼻口手足六者，人□□，体之小者也。心，人□□，人体之大者也，故曰君也。

心是人的"大体"，其他感官皆是"小体"。中国文化里的"心"多喻指头脑、意识和思想。"心之官则思"，人的自我意识、自我反思等都是心的功能，而这个器官和功能也是"天之所与我者"的本性或本能。养护心性大体的就是大人，满足感官小体的就是小人。以心思来统摄身体其他感官的意义，在于确立每个人的文化价值。黄俊杰先生《孟子后学对身心关系的看法——以马王堆汉墓帛书〈五行篇〉为中心》一文指出：

　　所谓"以心摄身"，就是认知为生物意义的"身"有其局限性，有待于德性意义的"心"的统御与转化，因而致力于以理制情，促使原始生命理性化，使感官世界受思维世界的统率，从而建立人的主体性。

有了这样的思想起点，孟子就将所有的道德价值根植于人的心中，因此，作为"大体"的心灵可以让人获得精神自由，从自然的存在上升为精神的存在，感受到普遍性与无限性，因而超越自我的特殊性和局限性；而作为"小体"的身体可以让人获得物质上的自由和感官的满足，却仍局限于自我。于是孟子继续与告子展开辩论。《告子上》曰：

> 告子曰："性，犹杞柳也。义，犹桮棬也。以人性为仁义，犹以杞柳为桮棬。"
>
> 孟子曰："子能顺杞柳之性而以为桮棬乎？将戕贼杞柳而后以为桮棬也？如将戕贼杞柳而以为桮棬，则亦将戕贼人以为仁义与？率天下之人而祸仁义者，必子之言夫！"

告子认为，仁义道德都不是人的自然本性，而是外在的道德规范和教化。就像用杞柳做杯盘一样，如果将仁义直接等同于人性，不顾后天的人工制作，就是将杞柳直接等同于杯盘了。荀子也说："工人斫木而成器，然则器生于工人之伪，非故生于人之性也。"（《荀子·性恶》）在这里，告子和荀子都将道德修养或者道德教化当成了改造人的自然本性的工具。孟子反问告子：制作杯盘这个行为，是顺着杞柳的本性制成器物呢？还是毁坏杞柳的本性？他认为，在讨论如何将杞柳做成杯盘之前，首先要讨论为什么是杞柳而不是其他东西可以做成杯盘？杞柳具有能做成杯盘的可能性，正如人具有道德意识，从而能接受教化，修养自己一样。

事实上，制作杯盘，是人的文化行为和目标，而不是杞柳的生长过程和目标，杞柳的本性并非为了制作杯盘的目标而存在，从这一点上看，告子的话是对的。但是选择杞柳而不选择其他东西，就和必须具有道德意识和实践能力才能发展为道德行为一样，都是人的文化行为和目标，而这种目标并不是要将人形塑为某种东西，而是以人自身为目标，将文化知识和道德内化为人自身的东西。所以，告子指责孟子"以人性为仁义"和"以杞柳为栖棬"，但正是他指责的命题更有启发意义。

如果说人性是人的自我意识，那么仁义就是这种意识的价值内涵。说到底，自我意识中的道德意识，或者说是"道德心"，才是孟子所确指的人性，是孟子所言人性的深处。

牟宗三先生指出："用现代话来讲，孟子所谓心，就是道德心，所谓性，就是'内在道德性（inner morality）'。"（《〈孟子·告子篇上〉第六章释义》）既然心及其功能"思"是"天之所与我者"，那么"道德心"也是天生的、自然的，孟子将这种"道德心"称为"良能"与"良知"。《尽心上》曰：

孟子曰："人之所不学而能者，其良能也；所不虑而知者，其良知也。孩提之童，无不知爱其亲者，及其长也，无不知敬其兄也。亲亲，仁也；敬长，义也。无他，达之天下也。"

"良能"是养成道德的能力，"良知"是道德判断的能力，其证明在于对父母的亲爱和对兄长的敬爱，仁义即蕴藉于其中。因此，如果能养成保持良知的功夫，就可以时时发展良能，正是在这一点上，孟子强调"人皆可以为尧舜"。《告子下》曰：

曹交问曰："人皆可以为尧舜，有诸？"

孟子曰："然。"

"交闻文王十尺，汤九尺。今交九尺四寸以长，食粟而已，如何则可？"

日："奚有于是？亦为之而已矣。有人于此，力不能胜一匹雏，则为无力人矣。今日举百钧，则为有力人矣。然则举乌获之任，是亦为乌获而已矣。夫人岂以不胜为患哉？弗为耳。徐行后长者谓之弟（通"悌"），疾行先长者谓之不弟。夫徐行者，岂人所不能哉？所不为也。尧舜之道，孝弟而已矣。子服尧之服，诵尧之言，行尧之行，是尧而已矣。子服桀之服，诵桀之言，行桀之行，是桀而已矣。"

日："交得见于邹君，可以假馆，愿留而受业于门。"

日："夫道若大路然，岂难知哉？人病不求耳。子归而求之，有余师。"

曹交认为相较于尧、舜这样的圣人，自己就是个饭桶，进而要求留在孟子身边学习如何成为圣人。孟子却说：你本来就有尧舜的资质，不能成为尧舜并不是因为你没有才能，而是你不去实践。一个有力气的人，就能成为大力士。做尧舜的方法一点不难，就像走在康庄大道上一样。人的毛病在于不去追求罢了，你现在回去做，就会发现身边可以效法的老师是很多的。

保持良知、发展良能的起点在于"求"，也就是实践的意识与行动，因此，孟子十分重视道德意识的培养与持守。《告子上》曰：

孟子曰："牛山之木尝美矣。以其郊于大国也，斧斤伐之，可以为美乎！是其日夜之所息，雨露之所润，非无萌蘖之生焉，牛羊又从而牧之，是以若彼濯濯也。人见其濯濯也，以为未尝有材焉，此岂山之性也哉？虽存乎人者，岂无仁义之心哉？其所以放其良心者，亦犹斧斤之于木也。旦旦而伐之，可以为美乎？其日夜之所息，平旦之气，其好恶与人相近也者几希。则其旦昼之所为，有牿亡之矣。牿之反覆，则其夜气不足以存。夜气不足以存，则其违禽兽不远矣。人见其禽兽也，而以为未尝有才焉者，是岂人之情也哉？故苟得其养，无物不长；苟失其养，无物不消。孔子曰：'操则存，舍则亡；出入无时，莫知其乡。'惟心之谓与？"

山上茂美的草木，虽经砍伐，但天长日久，经过雨露滋润，一定会长出幼苗。可是人们又放牛羊去啃食，所以永远成了秃山。人们看了，还以为是山上长不成草木，这难道是山的本性吗？人性中的仁义道德也存在于人的心里，但是人们往往忽视它们，放弃自己的良知，就像天天在砍伐自己的本性。经过一夜的休息，天亮的时候，大家的心性都回到本来的状态，心气清静，好恶都差不多，可是这种称为"夜气"的状态在白天的生活中就会被搅乱，有些人受到外物和欲念的控制，不能保持"夜气"，其行为就和禽兽差不多了。人们见他像禽兽一样，就以为他的本性如此，这难道是实情吗？所以事物的生长与消亡，都与是否得到养护有关。孔子说：有一个东西，你操持着，它就在身上，放弃，它就走失，它出入我们的身体没有定时，也没有定向。这不就是说的人心吗？

孟子又说："仁，人心也；义，人路也。舍其路而弗由，放其心而不知求，哀哉！人有鸡犬放，则知求之；有放心，而不知求。学问之道无他，求其放心而已矣。"（《告子上》）"道德心"就是"仁"，其实现的途径就是"义"，而养护心性的觉悟和成就道德的潜能也在人性之中，这就是"良知"和"良能"。孟子甚至将心性的养护上升为最崇高的目标。《尽心上》曰：

孟子曰："尽其心者，知其性也。知其性，则知天矣。存其心，养其性，所以事天也。夭寿不贰，修身以俟之，所以立命也。"

尽心、知性是对自我世界的深入了解；存心、养性是对自我道德价值的努力实现。人生的意义全部在此，而不是道家养生学说一味企求的长生不老。朱子说："存，谓操而不舍；养，谓顺而不害。"（《孟子集注·尽心上》）其实，尽与知、存与养是互文的意思，尽即是探究、穷尽；存即是存养、慰问。《礼记·月令》曰："养幼少，存诸孤。"即是此义。由此可见，孟子的人性论要求人们深入自我，发现、发挥其中的道德能量。

孟子之所以能够创辟心性学说，可能得益于他在稷下的学术交流。心性的关系，在稷下以宋钘为代表的道家学派中已有讨论，他们的思想保留在《管子》当中，其中的《心术》和《内业》强调心对感官和意义的统率作用。《心术》曰："心之在体，君之位也；九窍之有职，官之分也。心处其道，九窍循理。嗜欲充益，目不见色，耳不闻声。"《内业》曰："我心治，官乃治，我心安，官乃安。治之者心也，安之者心也。"心统率其他感官，人生以治心为上，只是孟子将他们的"道心"转变成为儒家的"道德心"，从而将人的自然性转变为道德性。

2. 仁义礼智：道德体系

　　孟子既将心性作为道德的根源，这种根源生长出来的道德并不是杂乱无章的，而是一个具备不同指向的功能体系。孟子认为人心中的良知，或者道德直觉有四种，即恻隐之心、羞恶之心、恭敬之心和是非之心，而由此"四心"显现出来（其实是自觉出来）的性，就是善的性。《告子上》中记载了孟子对学生公都子阐论性善的话：

　　公都子曰："告子曰：'性无善无不善也。'或曰：'性可以为善，可以为不善。是故文、武兴则民好善，幽、厉兴则民好暴。'或曰：'有性善，有性不善。是故以尧为君而有象，以瞽瞍为父而有舜，以纣为兄之子且以为君而有微子启、王子比干。'今曰'性善'，然则彼皆非与？"

孟子曰："乃若其情，则可以为善矣，乃所谓善也。若夫为不善，非才之罪也。恻隐之心，人皆有之；羞恶之心，人皆有之；恭敬之心，人皆有之；是非之心，人皆有之。恻隐之心，仁也；羞恶之心，义也；恭敬之心，礼也；是非之心，智也。仁义礼智，非由外铄我也，我固有之也，弗思耳矣。故曰：'求则得之，舍则失之。'或相倍蓰而无算者，不能尽其才者也。《诗》曰：'天生烝民，有物有则。民之秉彝，好是懿德。'孔子曰：'为此诗者，其知道乎！故有物必有则，民之秉彝也，故好是懿德。'"

公都子列举了三种与老师不同的人性论：一是告子的"性无善无不善"，二是"性可以为善，可以为不善"，这两种观点差不多，都是说人性自然，其中没有道德的根据，善恶都是社会文化的产物。比如周文王、周武王之世，人民就向善；周幽王、周厉王之世，人民就暴戾。三是"有性善，有性不善"，即人性善恶天定论。比如尧的时代也有象这样天生没良心的家伙，而瞽瞍这样昏聩的父亲也能生出大舜这样的圣人儿子。商纣王这样凶残的君主也有微子启、王子比干等贤明的庶兄和叔父。现在老师您却主张"性善"，难道他们都说错了？

应该说，公都子没能理解孟子所说的"性"——自我意识或道德自觉，这种性的本质不是知识意义上而是价值意义上的，在这个意义上讨论性善性恶，不是要了解"性"是一种什么事物，而是要追问什么才是我们的生命价值和人生意义；不是一种求知行为，而是一种反思行为。但公都子的举例恰恰是当时流行的或传统的人性论。

于是孟子对这个笨学生进了耐心的教导，阐明他的新人性论。他说人的"情"，即一个大家公认的实情，就是我们每个人都具有为善的道德意识和能力（即"良知""良能"），这才是我说的"善"。即便一个人做了不善的事情，也不能说他不具备这样的意识和能力，因而怪罪于他的"才"。

孟子说的"才"就是"能"。《说文解字》曰："才，草木初生也。"清代段玉裁《说文解字注》正是从孟子的意思引伸出他对此字的理解："草木之初而枝叶毕寓焉，生人之初而万善毕具焉，故人之能曰才，言人之所蕴也。"人生下来就具备行善的才能，这是人类唯一生来具有的本能。我们现代人都知道，这种"本能"也是在人类历史文化实践中形成的，在伦理学的逻辑起点上，不妨也可以将这样的"能"说成是每个人的"天赋"。

接着，孟子向公都子分析了"人皆有之"的四种才能——恻隐之心、羞恶之心、恭敬之心、是非之心，它们可以生发出仁、义、礼、智四种道德，它们"非由外铄我也，我固有之也，弗思耳矣"。"铄"是熔化销毁之意，仁义礼智的道德心不是由外力熔铸而成的，而是我固有的才能，只是没有意识到罢了。这种道德心，只要意识到就在，意识不到就消失，人与人之所以相差巨大，正在于能否去实现这种才能。《诗经·大雅·烝民》里说：天生了众多的人民，有不同的事物就有不同的法则，而人们共同秉持的法则，就是对美德的向往。所以孔子称赞这首诗的作者是通晓大道的人。

孟子还曾生动地描写过"道德心"在身体中的存在状态："君子所性，仁义礼智根于心。其生色也，睟然见于面，盎于背，施于四体，四体不言而喻。"（《尽心上》）面、背、四肢皆因为道德的照耀而焕发出精神。

告子是从知识的角度讨论性，所以他更关注性的自然性、客观性，性是否具备道德这种文化因素就不重要了。他可以认为性里不包括善恶，所谓"无善无不善"，也可以说性在外在教化的作用下可以为善，也可以为恶。人性就像一股湍急的水流，冲决东方就向东流，冲决西方就向西流，没有确定的发展方向。这样的人就成了一个缺乏主体性的被动存在。于是孟子反问他：水流确实不分东西，难道不分高下吗？"人性之善也，犹水之就下也。人无有不善，水无有不下。"你就是能将水激过头顶，抽到山上去，也只是外在的压力所致，而不是水往低处流的本性。人做坏事，也是被外力压迫的，而不是出于本性。(《告子上》)

有时告子也会认为对血亲的爱算是人的自然本性，因为这在动物身上也有体现。因此，他还有一种"仁内义外"的观念。孟子为了捍卫自己的人性论，对这种观点特加驳斥。《告子上》曰：

告子曰："食、色，性也。仁，内也，非外也；义，外也，非内也。"

孟子曰："何以谓仁内义外也？"

曰："彼长而我长之，非有长于我也。犹彼白而我白之，从其白于外也。故谓之外也。"

日："异。于白马之白也，无以异于白人之白也。不识长马之长也，无以异于长人之长与？且谓长者义乎？长之者义乎？"

日："吾弟则爱之，秦人之弟则不爱也，是以我为悦者也，故谓之内。长楚人之长，亦长吾之长，是以长为悦者也，故谓之外也。"

日："耆秦人之炙，无以异于耆吾炙，夫物则亦有然者也，然则耆炙亦有外与？"

在告子看来，爱好食、色的欲望是人的自然本性，仁爱发自内心，大概也属于此类的本性。而义则是外在的道德法则，不在人性之中。就如有人比我年长，所以我要尊敬他，因为年纪大是外在的客观事实，尊敬长辈是外在的礼法，并非有个敬长的本能存在于我的本性里。就如他长得白，我就认为他白，因为"白"这个东西外在于我的人性而存在，所以"仁"是内在的，"义"是外在的。

孟子反驳他说："不对啊！白马的白和白人的白即便没有区别，但对马的尊重和对人的敬重也没有区别吗？"告子辩道："我爱自己的弟弟，不爱秦人的弟弟，因为这是发自我内心的喜爱。我尊敬楚国的老人，也尊敬自己的老人，因他们是长辈，所以都要尊敬，这是外在的礼法。"

孟子再次启发他：爱吃秦人的烤肉和爱吃自己的烤肉的食欲也有区别吗？烤肉是外在的，食欲难道是外在的？所以，尊敬的对象可以是外在的，但尊敬这种"道德心"却是内在的。在孟子看来，假如"义"是外在的，那么决定自己遵守"义"的"羞恶之心"又在何处呢？

儒家的道德内容有许多，大都是对周代礼乐文化中道德内容的继承。在记录春秋时代史事的《左传》《国语》等文献中，就有敬、忠、信、仁、义、智、勇、礼、孝、惠、让、慈、贞、正等德目，但这些德行如此繁多，说明道德更多地表现为外在的礼教规范，没有转化为自觉的道德精神。

在孔子以前的礼乐文化体系中，孝是最基本和最高级的道德，是人类天生对父母的敬爱。由于礼乐是建立在宗法血缘秩序上的氏族社会文化，因此祖先崇拜成了家、国、天下的共同信仰，孝上升为维护天子作为天下大宗的政治意识形态。《诗经》中歌颂文王、武王、成王的美德都是孝。在血缘氏族社会中，君臣与父子的身份是一致的。在孝的基础上，生发出对兄长的敬爱——悌，对君主的忠，对朋友的信，当然还有长辈和君主对子孙和臣民的慈爱与恩惠。

但是，孔子却对"仁"做出了新的阐发。《论语·颜渊》曰：

> 樊迟问仁。子曰："爱人。"问知。子曰："知人。"
>
> 樊迟未达。子曰："举直错诸枉，能使枉者直。"

"仁者爱人"是从血亲之爱推及他人的爱，即将特殊的情感提升为普遍的情感。这种仁爱又是和智慧相辅相成的，即能够爱人，也能够理解人，其目的是帮助他人成就道德，完成生命的价值。所以"仁"这种情感被孔子提炼为道德的内涵和本质。

（明）谢时臣《豳风图》

豳，国名，周先世公刘立国于此。相传《诗经》中的《豳风·七月》之诗为周公所作，歌颂周人的先公先王开创的政教事业。

"子曰：'人而不仁，如礼何？人而不仁，如乐何？'"(《论语·八佾》) 仁是礼乐文明的内核。

"子曰：'仁者必有勇，勇者不必有仁。'"(《论语·宪问》) 唯有仁可以赋予勇敢以道德价值。

"子曰：'"君子而不仁者有矣夫，未有小人而仁者也。'"(《论语·宪问》) 有道德的人可能会做出不仁的事，但是没有道德的人就是没有仁爱之心的人。

"子曰：'仁远乎哉？我欲仁，斯仁至矣。'"(《论语·述而》) 仁是一念之间便从当下做起的事情。

"子曰：'志士仁人，无求生以害仁，有杀身以成仁。'"(《论语·卫灵公》) 行仁虽易，但仁的意义却超过个体生命的价值。

孔子拈出了"仁"作为一切道德的内涵，但他没有构建出一个道德体系。他更多地将"仁"与"智"一起讲，为仁的道德提供理性和支撑。比如他说："不仁者不可以久处约，不可以长处乐。仁者安仁，知者利仁。"(《论语·里仁》)"知者乐水，仁者乐山；知者动，仁者静；知者乐，仁者寿。"(《论语·雍也》）他也很看重信、义、恭、逊等美德。"君子义以为质，礼以行之，孙（通"逊"）以出之，信以成之。君子哉！"（《论语·卫灵公》）但在他看来，仁可以在不同的方面体现为不同的道德。《论语·阳货》曰：

> 子张问仁于孔子。
>
> 孔子曰："能行五者于天下为仁矣。"
>
> 请问之。
>
> 曰："恭、宽、信、敏、惠。恭则不侮，宽则得众，信则人任焉，敏则有功，惠则足以使人。"

相比而言，孟子的道德内容就有了体系和建构的色彩。仁义礼智，

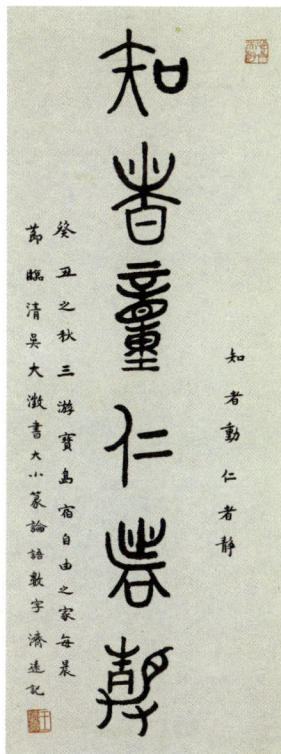

知者动仁者静

王济远（1893—1975）篆书"知者动仁者静"

孔子以仁与智相辅相成，仁者爱人，智者知人。孟子又将仁、义、礼、智根源于人心的"四端"，建构起一个道德体系。

分别来自四种"心"的才能，孟子称之为"四端"。《公孙丑上》曰：

> 恻隐之心，仁之端也；羞恶之心，义之端也；辞让之心，礼之端也；是非之心，智之端也。人之有是四端也，犹其有四体也。

在人的道德实践中，外发为四种行为。《离娄上》曰：

> 孟子曰："仁之实，事亲是也；义之实，从兄是也；智之实，知斯二者弗去是也；礼之实，节文斯二者是也；乐之实，乐斯二者，乐则生矣；生则恶可已也，恶可已，则不知足之蹈之手之舞之。"

仁义礼智四者之中，仁与义是主轴。《告子上》曰：

> 孟子曰："仁，人心也；义，人路也。舍其路而弗由，放其心而不知求，哀哉！人有鸡犬放，则知求之；有放心而不知求。学问之道无他，求其放心而已矣。"

《尽心下》曰：

　　孟子曰："人皆有所不忍，达之于其所忍，仁也；人皆有
所不为，达之于其所为，义也。人能充无欲害人之心，而仁不
可胜用也；人能充无穿逾之心，而义不可胜用也。"

一言以蔽之，还是一个"仁"字。《尽心下》曰：

　　孟子曰："仁也者，人也。合而言之，道也。"

赵岐《孟子章句》解释这句话说："能行仁恩者，人也。人与
仁合而言之，可以谓之有道也。"意即仁爱是人具有的行为，
能做到仁的人，就是有道德修养的人。但是孟子的话由于文字
的简练，给予后世思想家更多的解释天地。比如朱子《孟子章
句》解释说：

　　仁者，人之所以为人之理也。然仁，理也；人，物也。以
仁之理，合于人之身而言之，乃所谓道者也。程子曰："《中
庸》所谓率性之谓道是也。"

《朱子语类》卷六十一又曰：

> 人之所以得名，以其仁也。言仁而不言人，则不见理之所
> 寓；言人而不言仁，则人不过是一块血肉耳。必合而言之，方
> 见得道理出来。因言："仁字最难形容，是个柔软有知觉、相
> 酬接之意，此须是自去体认。'切问而近思，仁在其中矣。'"

按照朱子的解释，仁是人的全部意义所在，道是人对仁的实
现，不仅要在理上将所有人都视为仁的体现，还要将每个人的
道德实践视为仁的体现。《中庸》讲"率性之谓道"，"率"就
是发展、实现，如果所率之性是孟子所说的性，那么，程子和
朱子的解释就更为高明。他们将孟子的话从汉儒的道德说教上
升为伦理哲学。

正如孔子认可"杀身成仁"一样，孟子也认为君子可以
"舍生取义"："鱼，我所欲也。熊掌，亦我所欲也。二者不可
得兼，舍鱼而取熊掌者也。生，亦我所欲也。义，亦我所欲
也。二者不可得兼，舍生而取义者也。"（《告子上》）之所以如
此，是因为自然生命和欲望的完成并不是君子的使命，唯有生

命的道德价值和意义才是君子的追求，即便知其不可，也要努力为之。《尽心下》曰：

> 孟子曰："口之于味也，目之于色也，耳之于声也，鼻之于臭也，四肢之于安佚也，性也。有命焉，君子不谓性也。仁之于父子也，义之于君臣也，礼之于宾主也，知之于贤者也，圣人之于天道也，命也。有性焉，君子不谓命也。"

在孟子看来，欲望是人的自然本性，但能不能满足，能否大富大贵，这都是由命运安排的，所谓死生有命，富贵在天，因此君子不将其视为人的本性和生命的价值，听由命运的安排。而父子之间的仁，君臣之间的义，宾主之间的礼，贤人的智和圣人对天道的体认，都是生命的价值和意义所在，但能不能实现，也是由命运安排的。比如孔子年少丧父，他就无法实现父子之仁；屈原遭遇昏君奸小，他就无法实现君臣之义。而君子却视其为上天赋予自己的禀性，无论命运如何安排，只管努力去实现。

从孔子到孟子，儒家建构了自己的道德学说。这个过程在中国古代思想史上的意义，张岱年先生的《中国哲学大纲》概括道：

> 第一个提出人生理想的，是孔子。孔子以仁为人生理想。仁的观念，所涵甚广，而本旨甚约；境界极高，而平实简易：是一个宏大而切近的生活准则。……
>
> 此种意谓的仁，是生活之最高的道，也是最高的德。德与道是相联系的，有得于道谓之德。最高的德，便兼涵诸德，诸德皆此最高的德之一要素，或达到此最高的德之途径。……
>
> 孟子发挥孔子的思想，亦以仁为人生之第一原则；而又极注重义，仁义并举，以为生活行为之基本准衡。孔子哲学的中心观念是仁，孟子哲学的中心观念则是仁义。孟子讲仁，大意与孔子相近，但多从心性方面来讲，以为仁即是人所固有的恻隐之心之发展……
>
> 孔子言仁，注重行为，仁是行为之准则；孟子言仁，则颇注重内心态度，仁是内心所当有之态度，义方是行为所应循之准绳。孔子所谓义，只是当然之意；孟子所谓义，则是自己裁

制之意，不顾一己利害，决然毅然自己裁制其行为，便是义。孟子以不忍说仁，以不为说义。

3. 万物皆备于我：人与宇宙

明白了生命的意义所在，这只是孟子所说的"尽心""知性""知天"，而如何做到"存心""养性""事天"，做到了以后达到的精神境界是什么，也是孟子要证明并回答的问题。

道德实践是一个不能刻意去做的事，一刻意就虚伪。比如有人问孔子，微生高这个人是否正直？孔子曰："孰谓微生高直？或乞醯焉，乞诸其邻而与之。"（《论语·公冶长》）微生高刻意去做好人好事，人家向他借点醋，他没有，却向邻居借了再借给人家，目的就是要博取外在的虚名，所以孔子指责他虚伪。但是，我们姑且认为道德能力是人类独有的"天赋"，但这种天赋并不能直接转化为人的道德，必须通过实践，而实践又是一个不断经历和不断自觉的过程，不仅要通过实践提升对道德的履行能力，更要通过实践提升对道德的自觉能力。所以当"颜渊问仁"时，子曰："'克己复礼为仁。一日克己复礼，天下归仁焉。为仁由己，而由人乎哉？'颜渊曰：'请问其目？'子曰：'非礼勿视，非礼勿听，非礼勿言，非礼勿动。'"只有通过每个人在日常生活中自觉的道德实践才发现仁，实现仁的目标。

孟子既然主张心性一体，就十分注重锻炼心的能力。程颢说："论心术无如孟子。"（《二程语录》）《告子上》曰：

孟子曰："孔子曰：'操则存，舍则亡；出入无时，莫知其乡。'惟心之谓与？"

心对性的自觉在于操持不忘。《尽心上》曰：

孟子曰："人之有德慧术知者，恒存乎疢疾。独孤臣孽子，其操心也危，其虑患也深，故达。"

孤臣孽子皆生活于困境之中，故常操忧患之心，所以能通达人性与事理。《告子上》曰：

孟子曰："无或乎王之不智也。虽有天下易生之物也，一日暴之，十日寒之，未有能生者也。吾见亦罕矣，吾退而寒之者至矣，吾如有萌焉何哉？今夫弈之为数，小数也。不专心致志，则不得也。弈秋，通国之善弈者也。使弈秋诲二人弈，其一人专心致志，惟弈秋之为听。一人虽听之，一心以为有鸿鹄将至，思援弓缴而射之，虽与之俱学，弗若之矣。为是其智弗若与？曰：非然也。"

孟子对齐王说，难怪有人说您不聪明。您行起仁政来不能持久，一暴十寒，所以仁政不能成功。连学下棋的人都知道心志专一才能学好技艺的道理。《告子下》曰：

孟子曰："舜发于畎亩之中，傅说举于版筑之间，胶鬲举于鱼盐之中，管夷吾举于士，孙叔敖举于海，百里奚举于市。故天将降大任于是人也，必先苦其心志，劳其筋骨，饿其体肤，空乏其身，行拂乱其所为，所以动心忍性，曾益其所不能。人恒过，然后能改。困于心，衡于虑，而后作。征于色，发于声，而后喻。入则无法家拂士，出则无敌国外患者，国恒亡。然后知生于忧患，而死于安乐也。"

苦其心志，劳其筋骨，动心忍性，都是对心性的启发，可以磨炼自己的承担能力。心志不移是为了持守道义。《滕文公下》曰：

景春曰："公孙衍、张仪，岂不诚大丈夫哉？一怒而诸侯惧，安居而天下熄。"

孟子曰："是焉得为大丈夫乎？子未学礼乎：丈夫之冠也，父命之。女子之嫁也，母命之，往送之门，戒之曰：'往之女家，必敬必戒，无违夫子！'以顺为正者，妾妇之道也。居天下之广居，立天下之正位，行天下之大道。得志，与民由之；不得志，独行其道。富贵不能淫，贫贱不能移，威武不能屈，此之谓大丈夫。"

（元）赵孟頫《瓮牖图》

故事取自《史记·仲尼弟子列传》。图中孔子弟子子贡探望原宪，原宪陋室以桑木为门轴，破瓮为窗牖，昭示了安贫乐道的君子人格。孟子的"大丈夫"守道居正，不为富贵、贫贱、威武所撼动。

所谓大丈夫并不是那些有权谋有势力，让天下人畏惧的人，他们不过是顺从趋利之辈。真正的大丈夫是能持志不移，守道居正，不为富贵、贫贱、威武撼动的人。儒家讲的"志"，不是一般意义上的心志，而是理想，是"士志于道"（《论语·里仁》）的"志"。

　　孟子对心性的锻炼并非对心的野蛮训练，而是将心及其所在的身体视为一个整体。在孟子的时代，人们已将气视为心理、感官、情绪、身体的构成，比如齐国稷下学派中的道家文献《管子·心术下》，其中谈论君主的修养与政治的关系时说：

> 无以物乱官，毋以官乱心，此之谓内德。是故意气定，然后反正。气者，身之充也；行者，正之义也。充不美则心不得，行不正则民不服。

不让感官被外物干扰，不让心灵被感官干扰，这叫内德，也就是内在的功夫。这种功夫能让人心气安定，情绪、欲望都能受到心的控制，归于理性，所以说"意气定，然后反正"。身体中充满了正气，行为就符合正道。气不充足则心不能正定自得，行为不合道义则人民不服。《管子·内业》也认为：

> 内藏以为泉原，浩然和平，以为气渊。渊之不涸，四体乃固。泉之不竭，九窍遂通。

充斥体内的气，应该是浩然和平之气。道家以此作为清心寡欲的修养方法，而儒家也认为，符合道德的礼乐的行为，同样能养护人的身体与心性。《礼记·乐记》曰：

> 淫乐慝礼不接心术，惰慢邪辟之气不设于身体，使耳目、
> 鼻口、心知、百体，皆由顺正，以行其义。

《荀子·修身》曰：

> 凡用血气、志意、知虑，由礼则治通，不由礼则勃乱提僈。

孟子也吸收了道家的思想，但他的高明之处在于创发出儒家
"养浩然之气"的思想，提出了人的道德修养所能达到的精神
境界。《公孙丑上》中记载了孟子与学生之间极具睿智的对话：

> 公孙丑问曰："夫子加齐之卿相，得行道焉，虽由此霸王
> 不异矣。如此，则动心否乎？"
>
> 孟子曰："否！我四十不动心。"
>
> 曰："若是，则夫子过孟贲远矣。"

曰："是不难，告子先我不动心。"

曰："不动心有道乎？"

曰："有。北宫黝之养勇也，不肤挠，不目逃，思以一豪挫于人，若挞之于市朝；不受于褐宽博，亦不受于万乘之君；视刺万乘之君，若刺褐夫，无严诸侯：恶声至，必反之。孟施舍之所养勇也，曰：'视不胜，犹胜也。量敌而后进，虑胜而后会，是畏三军者也。舍岂能为必胜哉？能无惧而已矣。'孟施舍似曾子，北宫黝似子夏。夫二子之勇，未知其孰贤，然而孟施舍守约也。昔者曾子谓子襄曰：'子好勇乎？吾尝闻大勇于夫子矣：自反而不缩，虽褐宽博，吾不惴焉；自反而缩，虽千万人，吾往矣。'孟施舍之守气，又不如曾子之守约也。"

公孙丑试探老师，如果能够出任齐国的卿相，得以行道，您是否会动心。但在孟子心里，行道的使命和理想与出任大国卿相本来就不是一回事，所以他引用孔子"四十而不惑"（《论语·为政》）的说法回复了学生。公孙丑觉得老师对这么大的机遇都不动心，便称赞孟子超过了古代的勇士孟贲。孟子却说做到"不动心"并不难，因为告子也能做到。公孙丑感到不解，便问"不动心"有何门道？

孟子告诉他：世上有两种勇士，一是北宫黝这样的，他只是为了勇敢而勇敢，却不问为何要勇敢。所以不管什么人，只要敢侮辱他，他就睚眦必报。还有一位叫孟施舍的勇士，他明白勇敢的目的并不是取胜，而是保持自己的勇气，因此不问成败，他都能做到不畏惧。在孔子的学生当中，曾子的修养方式与孟施舍接近，而子夏与北宫黝接近。两种勇敢不知哪个更好，但孟施舍保持勇气（守气）的方法更为重要。

可是孟施舍与曾子比，又差了一截。曾子有一次对学生子襄说："听说你好逞勇气，我的老师孔子对我说过什么是大勇。自己反省而理亏，对方即便是个贫贱的人，也不去吓唬他。自己反省后觉得没有错，就是面对千军万马，我也勇往直前。"孟施舍持守的是勇气，而曾子持守的是道义，所以孟施舍的修养方法又不及曾子。

孟子讲这些，是要告诉公孙丑，我的"不动心"不是心理意义上的，而是道德意义上的。前者只要能克制心理状态就能做到，后者则必须通过理性的思想才能做到。

可是公孙丑又想知道孟子与告子的"不动心"有何不同。

曰："敢问夫子之不动心，与告子之不动心，可得闻与？"

"告子曰：'不得于言，勿求于心；不得于心，勿求于气。'不得于心，勿求于气，可；不得于言，勿求于心，不可。夫志，气之帅也；气，体之充也。夫志至焉，气次焉。故曰：'持其志，无暴其气。'"

"既曰志至焉气次焉，又曰持其志无暴其气者，何也？"

曰："志壹则动气，气壹则动志也。今夫蹶者趋者，是气也而反动其心。"

孟子说，告子的"不动心"是心理调节的功夫，因为告子说过："嘴上辩不过别人，就不要反问内心，而要在气势上把持住，因为道义是外在的标准，必须坚决遵守。但是心里过不去，觉得不符合道理，那就不要在气势上硬撑了。"后面一句话是对的，前面一句话是错的。因为人的心志（思想意志）是气（感官情绪）的统帅，而气又是充满身体的东西。心志到哪，气便随之到哪，心志与气是不可分的，所以我们说："把持着心志，不要泄气。"

公孙丑听了心中生疑，反问孟子："既然心志能统帅气，心志到哪，气随之到哪，为什么既要把持着心志，又要不泄气呢？"公孙丑的逻辑和告子一样，都认为修养的方法是心理的训练，即只要横下一条心就可以控制一切。嘴上讲道理讲不过人家，也要保持心理的强硬，不动心就可以不泄气。反之，心动了，就不再强求气势了。他们的修养方法和北宫黝一样不得要领，把功夫下在如何把持住心志。

孟子就不这样了，他把功夫下在如何让心志专一。他认为人的思想意志与感官情绪是相辅相成，不可分割的。心志专一，就用思想的力量控制感官和情绪，保持道德的自觉意识，使身心行为皆成为道德的外发；反过来，感官和情绪被外物或利益诱惑而失控，凝滞起来也会扰乱心志，让人丧心病狂，现实生活中那些犯错摔倒的人和那些钻营趋利的人就是例证。

告子明白了道理，于是进而追问老师的修养方法和境界。

"敢问夫子恶乎长？"

曰："我知言，我善养吾浩然之气。"

"敢问何谓浩然之气？"

曰："难言也。其为气也，至大至刚，以直养而无害，则塞于天地之间。其为气也，配义与道。无是，馁也。是集义所生者，非义袭而取之也。行有不慊于心，则馁矣。我故曰告子未尝知义，以其外之也。必有事焉而勿正，心勿忘，勿助长也。无若宋人然：宋人有闵其苗之不长而揠之者，芒芒然归，谓其人曰：'今日病矣！予助苗长矣！'其子趋而往视之，苗则槁矣。天下之不助苗长者寡矣。以为无益而舍之者，不耘苗者也；助之长者，揠苗者也，非徒无益，而又害之。"

"何谓知言？"

曰："诐辞知其所蔽，淫辞知其所陷，邪辞知其所离，遁辞知其所穷。生于其心，害于其政；发于其政，害于其事：圣人复起，必从吾言矣。"

孟子自称有两个本事：一是能知道人们说的话，也就是理解能力强。二是能养成一种"浩然之气"。公孙丑一下子被"浩然之气"这个新概念吸引，便请老师先传授这个本事。孟子说"浩然之气"是难以用语言形容的事物。后来朱子说："浩然之气如长江大河，浩浩而来也。"（《朱子语类》卷五十二）孟子形容说：作为气，极广大极刚正，只要以正直刚大的道德不断扩充，不以邪念恶事妨害它，它就能充塞于天地之间。这种气的质地不是物质的，而是精神的，那就是道义。一旦没有了道德精神的内涵，这种气就泄漏而不充沛了。

不过孟子的重心在于如何养成"浩然之气"，那就是"集义所生"。这是一个不断积累养育道德精神的过程。义是在日常生活中不断实践、不断自觉出来的，决不是为了养"浩然之气"而去养一下，不是刻意做一些符合道义的事就能养成"浩然之气"，这就如同在外面袭取一个"义"放在气里面一样荒唐。浩然之气本身就是"义"之气，是"道德心"的构成，只要一件事不符合"道德心"，"浩然之气"就会外泄。孟子认为告子并不懂得何为道义，因为告子始终将道义视为一个外在的原则。

养成道义之气的途径就是要自觉地、不断地去实践，实践的途径就是在生活的常态中自觉地做正确的事，让自我不断地提升，而不是设定一个功利性的道德目标刻意地去追求，所谓"必有事焉而勿正，心勿忘，勿助长也"。不能像那个宋国人，拔苗助长。偷懒的人只不过是放弃耕耘，无益于庄稼的生长，而拔苗助长的人不仅无益于庄稼的生长，而且戕害庄稼的生长。

所谓的知言，其实是"浩然之气"养成后外发出来的智慧与能力，或者说是道德判断能力和理性思辨能力，能辨别偏颇的含糊之辞、淫滥的夸饰之辞、邪僻的不当之辞、穷遁的躲闪之辞。孟子认为，人们说出的话都是内心的外露，心志合于道义，说出来的话也是正确的。如果说出上面的话来，就是心志不正，这些言辞便对政事产生危害。将来有能让天下太平的圣人复兴，一定会同意我所说的话。程子说："心通乎道，然后能辨是非，如持权衡以较轻重，孟子所谓知言是也。"

"浩然之气"说是孟子创发出来的儒家新文化精神。他吸收道家的养生养气说，将自然的生命之气转化为儒家的道德精神，并提升为宇宙精神。其在思想史上的意义，冯友兰先生《孟子"浩然之气"章解》评价道：

曾子由守义而得的大勇，虽大，而仍是关于人与人的关系者。孟子由集义而得的浩然之气，则是关于人与宇宙的关系者。

有浩然之气者，堂堂立于宇宙间，虽只是有限的七尺之躯，而在此境界中，已超过有限，而进于无限矣。

张岱年先生《中国哲学大纲》如此描述"浩然之气"的境界：

实行仁义以达到生活之最高境界时，便有所谓浩然之气。……浩然之气，便是非常盛大刚强、充塞于天地之间的气。……人的形体，充满了气；如能养之，则觉得我之气，渐渐扩大，成为浩浩荡荡的，上极于天，下蟠于地，而充塞于天地之间，天地之大，都被我的一气所充满。这是一种神秘经验。气本充一身，善养之则不惟充于体内，而亦充于体外，即内外合而为一了。如何养气？仍在于实行仁义。此浩然之气，是与义道为偶的，与义道相待而相成，乃是"集义"之结果。集义便是积善。"袭而取之"便是不实际作功夫，取得外表形似，其气馁而不能刚大。……应任其自然发展。如是涵养既久，行无不慊于心，则自然有至大至刚的浩然之气了。

总之，"养吾浩然之气"，是培养一种超越我与人、我与物的精神，达到天人合一的境界。这种超越是个人内在的精神超越，是将道德彻底精神化，也是将宇宙彻底精神化。

儒家认为，道德修养达到的精神境界是快乐。孔子就曾说"君子不忧不惧"，因为君子"内省不疚，夫何忧何惧"（《论语·颜渊》），"君子坦荡荡，小人长戚戚"（《论语·述而》）。他评价自己："其为人也，发愤忘食，乐以忘忧，不知老之将至云尔。"（《论语·述而》）称赞颜回"一箪食，一瓢饮，在陋巷，人不堪其忧，回也不改其乐"（《论语·雍也》）。孟子既将道德境界上升为宇宙境界，所以他的快乐也是宇宙化的。《尽心上》曰：

孟子曰："万物皆备于我矣。反身而诚，乐莫大焉。强恕而行，求仁莫近焉。"

诚就是真实，这种真实是一种万物皆备于我的境界，由此产生

（唐）睿宗李旦书《孔子颜子赞残刻》

孔子赞辞云："猗欤夫子，寔有圣德。其道可尊，其仪不忒。刊诗定礼，百王取则。吾岂匏瓜，东西南北。"颜回赞辞云："杏坛槐市，儒术三千。回也亚圣，业也称贤。四科之首，百行之先。秀而不实，得无恸焉。"

孔子和颜回等都是孟子自觉继承和"私淑"的人物，"孔颜乐处"被后世儒学作为道德修养的至高境界加以体认。

出极大的精神快乐。由自己达到的境界证明了其他人也能达到同样的境界。当这样的精神境界出现之时，人的心灵便感受到宇宙的无限性，个人便不再是一个特殊的、个别的、本能的存在，而是提升为一个万物皆备的普遍的和无限的存在。在孟子看来，既然人的感官欲望"有同然"，那么人的心"独无所同然乎？""心之所同然者何也？谓理也，义也。"（《告子上》）求仁是每个人心性自觉，超越个体局限性的必然结果。在此基础上，我们"强恕而行"，努力地推己及人，就近、切实地实现仁的价值。

孔子以忠与恕作为自己最基础的道德修养方法，他对曾子说："吾道一以贯之。"曾子则对别人解释说："夫子之道，忠恕而已矣！"（《里仁》）孔子对恕的定义是"己所不欲，勿施于人"。《论语·颜渊》载仲弓问仁，孔子的回答就是这八个字。《卫灵公》载子贡问孔子："有一言而可以终身行之者乎？"孔子也回答他："其恕乎！己

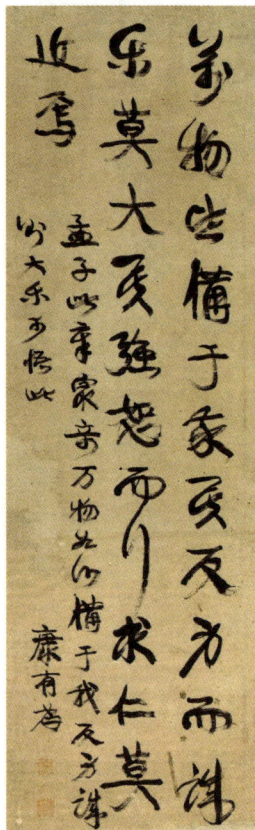

（清）康有为书孟子语

"万物皆备于我矣。反身而诚，乐莫大焉（图中为"矣"）。强恕而行，求仁莫近焉。"这是孟子提出的道德修养境界。

所不欲，勿施于人。"

　　冯友兰先生的《中国哲学简史》从积极与消极两方面解释忠恕之道：

　　　　如何实行仁，在于推己及人。"己欲立而立人，己欲达而达人"，换句话说，"己之所欲，亦施于人"，这是推己及人的肯定方面，孔子称之为"忠"，即"尽己为人"。推己及人的否定方面，孔子称之为"恕"，即"己所不欲，勿施于人"。推己及人的这两个方面合在一起，就叫做忠恕之道，就是"仁之方"（实行仁的方法）。

钱穆先生的《论语新解》从人心相通的角度解释忠恕之道：

　　　　尽己之心以待人谓之忠，推己之心以及人谓之恕。人心有相同，己心所欲所恶，与他人之心之所欲所恶，无大悬殊。故尽己心以待人，不以己所恶者施于人。忠恕之道即仁道，其道实一本之于我心，而可贯通之于万人之心，乃至万世以下人之心者。而言忠恕，则较言仁更使人易晓。因仁者至高之德，而忠恕则是学者当下之工夫，人人可以尽力。

孟子所说的"强恕而行"，一方面继承了孔子忠恕的思想，一方面将孔子"己所不欲，勿施于人"的"恕"与"己欲立而立人，己欲达而达人"的"忠"统合为积极的"推己及人"，诉诸实践。所以后人皆以"强恕"之"恕"，包含了"忠"与"恕"。赵岐的《孟子章句》解释此句为："强勉以忠恕之道，求仁之术，此最为近。"焦循《正义》的解释更加明晰：

知其性而乃尽其心。然则何以知其性？以我推之也。我亦人也，我能觉于善，则人之性亦能觉于善，人之情即同乎我之情，人之欲即同乎我之欲，故曰万物皆备于我矣。己欲立而立人，己欲达而达人，己所不欲，勿施于人，即反身而诚也，即强恕而行也。圣人通神明之德，类万物之情，亦近取诸身而已矣。

孟子的宇宙境界是充满"浩然之气"的精神境界，孟子用了一系列的形容词概括其本体和外用的状态。《尽心下》曰：

浩生不害问曰："乐正子何人也？"孟子曰："善人也，信人也。""何谓善？何谓信？"曰："可欲之谓善，有诸己之谓信，充实之谓美，充实而有光辉之谓大，大而化之之谓圣，圣而不可知之之谓神。乐正子，二之中、四之下也。"

善就是仁义礼智，信就是诚，当善的道德成为心性的自觉外发，达到反身而诚的境界，便称得上是善良的人、真诚的人。实践这样的善与真，使之充实于生命之中，便达到了美的境界。张申府先生说，充实之为美，"就是要崇闳博大坚实丰满朴质厚重"（《所思》）。充实的内美能够外发为光辉，便达到了大的境界。美的光辉能影响他人和世界，到了自己的力量所不能企及的地步，便达到圣的境界。圣的境界是天人合一的境界，到了人的智慧所不能企及、不可测知的地步，这便是神的境界。乐正子是孟子的学生，是鲁平公的臣子，孟子说他的境界在善人和信人之间。

马王堆帛书《五行》中也有此类表述，比如：

德之行五和谓之德，四行和谓之善。善，人道也；德，天道也。

四行之所和，言和仁义也。

仁义，礼知之所由生也。

圣始天，知始人。圣为崇，知为广。

概言之，仁义礼智"四行"构成"人道"意义上的"善"，而仁义礼智圣"五行"才构成"天道"意义上的"德"。

和孔子的时代不同，孟子处在战国诸子大谈"天道"与"性命"的时代，特别是道家和阴阳家等学派阐发的自然之道和宇宙观念已成为共识，孟子以开放的胸襟积极吸收、批判诸子的思想，将其改造为儒家学说的形而上学，赋予道德和文化的内涵与价值，实现了儒家思想的创新。

知人论世，以意逆志——孟子的经典课

1. 尚友古人：经典的价值

和孔子一样，孟子也是一位伟大的教育家。从《孟子》中可见，他的身边一直有学生陪伴着，他说："君子有三乐，而王天下不与存焉。父母俱存，兄弟无故，一乐也；仰不愧于天，俯不怍于人，二乐也；得天下英才而教育之，三乐也。君子有三乐，而王天下不与存焉。"（《尽心上》）而"得天下英才而教育之"体现了孟子"己欲立而立人"的精神。他又说："君子之所以教者五：有如时雨化之者，有成德者，有达财（材）者，有答问者，有私淑艾者。此五者，君子之所以教也。"（《尽心上》）这五教包括了情感上的关爱、道德的培养、才能的训练、知识的讲授和精神的传递。

孔子的教育精神是比较宽博的，所谓"有教无类"（《论语·卫灵公》),"诲人不倦"(《论语·述而》),孟子的教育风格则比较犀利。他说:"人之患,在好为人师。"(《离娄上》)又说:"教亦多术矣,予不屑之教诲也者,是亦教诲之而已矣。"(《告子下》)

有一次滕文公的弟弟滕更来向孟子请教,孟子不理他。学生公都子问缘故,孟子曰:"挟贵而问,挟贤而问,挟长而问,挟有勋劳而问,挟故而问,皆所不答也。滕更有二焉。"(《尽心上》)凭借地位、才能、年长、功劳、交情来请教我,我都不予理睬,滕更至少占了两条。

孟子就是这样,用不教的方法,教育滕更知道学习的态度和目的到底是什么。孟子启发他明白师生之间只有道德的传授,不能受到任何其他因素的影响,甚至是父子关系。

公孙丑曾经问孟子:"君子之不教子,何也?"孟子说:"势不行也。教者必以正。以正不行,继之以怒;继之以怒,则反夷矣。夫子教我以正,夫子未出于正也,则是父子相夷也。父子相夷,则恶矣。古者易子而教之。父子之间不责善,责善则离,离则不祥莫大焉!"父子之间的"情势",即人伦关系不能运用于教育。因为"教者必以正"，也就是教的是正道，做父亲给儿子讲正道，一旦讲不通就会发火，这样就"反夷"，即伤感情。儿子会说，你给我讲正道，可是你的行为有时也不合正道。这样"父子相夷"，就不好了。所以古人易子而教，父子之间应该是慈爱与孝顺的亲情，不能在道德上互相责备，父子之间隔膜不亲是最不祥的事。(《离娄上》)

孔子和孟子的教育，继承了西周礼乐制度中的"造士"，即君子教育的传统。一般而言，造就一个"士"主要通过"六艺"，即礼、乐、射、御、书、数的教授。书（书写）、数（计算）二学可以从孩童教起，所以也称为"小学"；礼、乐为文教，射、御为武艺，皆需具备一定的智力和体力之后才能施教，而礼、乐之教多与经典教育并行。《礼记·王制》曰："乐正崇四术，立四教，顺先王《诗》《书》《礼》《乐》以造士。"教师也有分工，有教知识技艺的，也有教思想品德的。《礼记·文王世子》引《语》曰："乐正司业，父师司成。"又曰："春诵夏弦，大（通"太"）师诏之；瞽宗秋学《礼》，执《礼》者诏之；冬读《书》，典《书》者诏之。《礼》在瞽宗，《书》在上庠。凡祭与养老乞言、合语之礼，皆小乐正诏之于东序。

大乐正学舞干戚、语说、命乞言，皆大乐正授数。大司成论说在东序。"这些教音乐歌《诗》的太师、大乐正、小乐正，教各种《礼》的瞽宗和执《礼》者，教读《书》的典《书》者都是传授知识和技艺的教师，而那些叫作"司成""大司成"的父师们是讲论做人道理的教师，他们都是统治氏族中的长老们，比如辅佐周成王的周公、召公之类。

清代学者孙希旦《礼记集解》曰："大司成无定人，无专职，必其位望尊重而道德充盛者乃得为之。诏其礼，授其数者，所以习其事也。论说者，所以明其义也。习其事者易，明其义者难，此所以必属之大司成也。"因此，古代贵族君子的教育非常重视对经典、礼乐和技艺的"论说"，阐释其中包含的"义"。因为培养贵族君子的目标不是培养知识和技艺的持守者，而是有道德、有文化的统治者。《文王世子》中说："君子曰德，德成而教尊，教尊而官正，官正而国治。君之谓也。"所以，个人的道德修养、对历史文化的理解、运用与实践的能力就更为重要，不同的文化和技能教育只是为他们提供修养道德和明白道理的途径和工具而已。

这种教育组织方式与政治制度是相配合的。太师、瞽宗、执礼者、典书者或巫史等人是执掌天道鬼神知识的专业人群，他们提供占卜、祭祀和知识参谋，往往是世代相传的"世官"；而贵族和他们的父师们都是执掌政教的"世卿"，负责治理百姓。这两类人构成内朝与外朝。西周金文中已经出现了卿事寮和太史寮两寮执政的制度。《国语·鲁语下》中，鲁国贵族公父文伯的母亲敬姜指责执政的贵族季康子说："子弗闻乎？天子及诸侯合民事于外朝，合神事于内朝。"贵族们在外朝治理民政，巫史们在内朝祭祀鬼神。《国语·周语上》载周厉王禁止百姓诽谤他，父师召公便对他说："故天子听政……瞽、史教诲，耆、艾修之，而后王斟酌焉。"《左传》襄公三十年，鲁国的贵族季武子称赞晋国的政治好，说："有史赵、师旷而咨度焉，有叔向、女齐以师保其君。"史赵、师旷属于史官、乐官，叔向和女齐属于父师。

总而言之，贵族教育以知识技艺辅助道德与人格教育，是成就人的教育，"司成"之事更为重要。

大概春秋时代，古代的诗歌、历史档案、礼法政典、名人名言等已经进入贵族教育之中，其中如《诗》《书》等后来经过儒家的整理与传授，成为后世的文化经典。《国语·楚语上》载士亹问申叔时如何教楚太子之事，申叔时列出了一系列典籍文献：

　　教之《春秋》，而为之耸善而抑恶焉，以戒劝其心。教之《世》，而为之昭明德而废幽昏焉，以休惧其动。教之《诗》，而为之导广显德，以耀明其志。教之《礼》，使知上下之则。教之《乐》，以疏其秽而镇其浮。教之《令》，使访物官。教之《语》，使明其德，而知先王之务用明德于民也。教之《故志》，使知废兴者而戒惧焉。教之《训典》，使知族类，行比义焉。

不同类型的典籍文字，用来开启不同的道德修养。贵族君子们特别重视从经典中发明意义加以运用。《左传》与《国语》中所载各国特别是华夏国家的贵族在言辞中引称的典籍，以《诗》《书》为最多。他们宴会时也会赋《诗》言志。《汉书·艺文志》曰："古者诸侯卿大夫交接邻国，以微言相感。当揖让之时，必称《诗》以谕其志。"但是他们引诗、赋诗时都不是在表达《诗》中的原意，而是选取《诗》中的章节、诗句，在新的语境中，赋予《诗》句以新的意义，他们称之为

"赋诗断章，余取所求"（《左传》襄公二十八年）。

比如晋文公重耳流亡到秦国时，秦穆公宴请他，重耳赋《河水》（逸诗）第一章，取河水朝宗于海之义，表达自己对秦穆公的尊敬和归附。秦穆公也赋《小雅·六月》第一章，取尹吉甫辅佐周宣王征伐之义，表达自己愿意帮助重耳返回晋国。（《左传》僖公二十三年）"余取所求"这四个字指的是个人从经典中获得意义并加以运用的行为，这个传统被儒家继承并发扬。

孔子将君子教育的内容带到民间，开办私学，所以他必须做一个全科的民办教师。他要教授《诗》、《书》、礼、乐。《论语·述而》曰："子所雅言，《诗》、《书》、执礼，皆雅言也。"还要传授射、御之术。《八佾》曰："子曰：'射不主皮，为力不同科，古之道也。'"《子罕》曰："达巷党人曰：'大哉孔子，博学而无所成名。'子闻之，谓门弟子曰：'吾何执？执御乎，执射乎？吾执御矣。'"

孔子的教学目标，同样是成就人的教育。"子曰：'兴于《诗》，立于礼，成于乐。'"（《论语·泰伯》）又曰："志于道，据于德，依于仁，游于艺。"学习文化、经典、技艺都是感发、训练、完成人的价值的途径。

在礼崩乐坏的时代，他重视整理礼乐文化和古代经典。"述而不作，信而好古。"(《论语·述而》)"自卫反鲁，然后乐正，《雅》《颂》各得其所。"(《子罕》)"殷因于夏礼，所损益可知也；周因于殷礼，所损益可知也；其或继周者，虽百世，可知也。"(《为政》)《史记·孔子世家》载其序《书》、删《诗》，晚年道穷之际，作《易传》与《春秋》，所以，他从古代众多的典籍中选择整理出"六经"的体系，这本身就是一项"取义"的创新。

同样，孔子也擅长从礼乐和经典中"取义"。在《论语》中，有许多他讲授六艺的记载。"《诗》三百，一言以蔽之，曰'思无邪'。"(《论语·为政》)这是他对全部《诗经》的概括。"子张曰：'《书》云："高宗谅阴，三年不言。"何谓也？'子曰：'何必高宗，古之人皆然。君薨，百官总己以听于冢宰三年。'"(《宪问》)是他讲论《尚书》的见解。"子曰："礼云礼云，玉帛云乎哉？乐云乐云，钟鼓云乎哉？"(《阳货》)是其对礼乐内涵的反思。"'不恒其德，或承之羞。'子曰：'不占而已矣。'"是他以进德修身解释《易》卦的吉凶之义。"子曰：'管仲相桓公，霸诸侯，一匡天下，民到于今受其赐。微管仲，吾

其被发左衽矣。岂若匹夫匹妇之为谅也，自经于沟渎而莫之知也。'"（《宪问》）是他揭示的《春秋》大义。

　　孟子对孔子的继承更多的在精神方面，但其继承方式决不是宗教式的心领神会，而是对孔子整理阐解的古代经典和孔门的思想进行深入精细的阐释。所以，孟子教育学生，除了身教之外，在言教方面最精彩的地方就是教授经典。赵岐《孟子题辞》称道孟子"通五经，尤长于《诗》《书》"。根据学界的统计，《孟子》全书中引《诗》三十三次，以《大雅》二十一次最多，其次是《国风》与《小雅》各五次，《颂》二次，《书》十四次。（黄俊杰《孟子运用经典的脉络及其解经方法》）那么，孟子在经典阐释和教育方面有哪些独到之处呢？

他提出了经典对人类精神文化传承的特殊价值和阅读的目标。《万章下》曰：

孟子谓万章曰："一乡之善士斯友一乡之善士，一国之善士斯友一国之善士，天下之善士斯友天下之善士。以友天下之善士为未足，又尚论古之人。颂其《诗》，读其《书》，不知其人，可乎？是以论其世也，是尚友也。"

儒家学说的宗旨就是探究人性，进而发明为人之道，其途径之一就是研究人的言行。孔子曾说过："始吾于人也，听其言而信其行；今吾于人也，听其言而观其行。"（《论语·公冶长》）又云："不知言，无以知人也。"（《论语·尧曰》）但大多数值得我们去了解的人都是死去的人（古人），他们和我们之间的媒介就是记录他们言行的文字，特别是他们留下的重要文化记忆——经典。

孟子认为与现实中的善人交友远远不足，因此提出"尚友"，即上与古人交朋友。而了解古人，"尚论古之人"的途径是"颂其《诗》，读其《书》"，"颂"，即"诵"，诵读互文，则不仅要知其文字，还要能抽取其义。《说文解字》曰："读，籀书也。"段玉裁《注》认为"籀"字在古代和"抽"字通用，"抽绎其义蕴，至于无穷，是之谓读。"

诵读经典的目的是"知人"，而理解经典的方法是"论其世"。世即世代、时代。后世便将孟子的话归纳为一句成语叫"知人论世"，这是通过研究作者及其所处的社会历史来理解作者和经典的阐释方法。这个方法几乎成了中国古代经典解释的基本原则，明清之际的思想家王夫之强调说："故读书者，以知人论世为先务。"（《读四书大全说》）

2. 辞与意：经典的释读

经典的客观存在就是文本，它用文字符号将古人的思想、知识、言行等书写下来，一方面保留了过去的印迹，但也形成了一个封闭的自我世界。这个世界允许读者进去窥见过去的影像，但也阻碍了我们直接进入古人的时空场域和对话的语境，只能通过它和古人展开对话。这种感觉就如同我们阅读《论语》和《孟子》时，不能坐到他们中间去和他们一起讨论一样。

孟子和学生在研讨经典问题时，非常注意启发学生深入理解辞与意的关系。《万章上》曰：

咸丘蒙问曰："语云：盛德之士，君不得而臣，父不得而子。舜南面而立，尧帅诸侯北面而朝之，瞽瞍亦北面而朝之。舜见瞽瞍，其容有蹙。孔子曰：'于斯时也，天下殆哉岌岌乎！'不识此语诚然乎哉？"

孟子曰："否！此非君子之言，齐东野人之语也。尧老而舜摄也。《尧典》曰：'二十有八载，放勋乃徂落，百姓如丧考妣。三年，四海遏密八音。'孔子曰：'天无二日，民无二王。'舜既为天子矣，又帅天下诸侯以为尧三年丧，是二天子矣。"

咸丘蒙问孟子，有传言说，道德高尚的君子，君主不能视其为臣子，父亲不得视其为儿子，现在舜接受了尧的禅让做了天子，尧率领诸侯们朝见他，他那个不辨善恶的瞎眼父亲瞽瞍也要朝见他。舜见到父亲，脸色很尴尬。孔子说："这个时刻，君臣父子的名分都颠倒了，天下岌岌可危了！"不知这些话是真的吗？

孟子说这只是你们齐国东郊乡巴佬说的话。尧年老的时候，舜只是摄政，因为《尚书》中的《尧典》明文记载，舜摄政二十八年之后，尧才去世，百姓如同父母之丧，服丧三年，四海之内都没有音乐之声。孔子也说过"天无二日，民无二王"的话。如果舜在尧生前已经做了天子，又率天下诸侯为尧服丧三年，岂不是有两个天子了吗？

孟子根据经典和孔子的话，驳斥了不当的言论。不过，咸丘蒙还要追究父子之间出现的道德难题：

咸丘蒙曰："舜之不臣尧，则吾既得闻命矣。《诗》云：'普天之下，莫非王土。率土之滨，莫非王臣。'而舜既为天子矣，敢问瞽瞍之非臣，如何？"

曰:"是诗也,非是之谓也。劳于王事,而不得养父母也。曰:'此莫非王事,我独贤劳也。'故说诗者,不以文害辞,不以辞害志。以意逆志,是为得之。如以辞而已矣,《云汉》之诗曰:'周余黎民,靡有孑遗。'信斯言也,是周无遗民也。孝子之至,莫大乎尊亲。尊亲之至,莫大乎以天下养。为天子父,尊之至也。以天下养,养之至也。《诗》曰:'永言孝思,孝思惟则。'此之谓也。《书》曰:'祇载见瞽瞍,夔夔斋栗,瞽瞍亦允若。'是为父不得而子也?"

《诗经》的《小雅·北山》抒发了一位周天子的大臣劬劳国事,不遑顾及家中父母,却饱受群小讥谗的抱怨之情。诗中有一句曰:"普天之下,莫非王土。率土之滨,莫非王臣。"字面上看,指的是天下的土地皆归天子所有,人民皆是天子的臣属。咸丘蒙便用这句诗来问孟子,为什么舜做了天子,不能视瞽瞍为臣子。

孟子说:这首诗不是你讲的意思,而是讲一个人辛劳于国事而没法孝养父母。诗的言下之意是:"大家都是臣子,都为天子做事,为什么唯独我做的事那么多,那么忙!"所以,说《诗》的人不能拘执于文词而妨碍对篇章的理解，不能拘执于篇章而妨碍对作者心志的理解，要以自己的心意去对接作者的心志，才算是真正的理解。按照你刚才的理解方法，那么《诗》中描写天下大旱，周王向上天祈雨的诗叫《大雅·云汉》，其中有一句说："周人的遗民，没有一个活下来的。"如果真的相信字面上讲的意思，那么周人应该早死绝了。最大的孝就是对父母的敬爱，这是没有极限的，甚至可以用天下来奉养父母。瞽瞍做了天子的父亲，尊贵到极至，舜以天下奉养他，是孝养父母的极至。《诗》中的《大雅·下武》中说："一直孝敬父母，孝便成为道德准则。"就是这个意思。《尚书》里面写道："舜见到父亲，恭恭敬敬，而瞽瞍也变得温和了。"难道做父亲的不能把天子当作儿子吗？

"说诗者不以文害辞，不以辞害志。以意逆志，是为得之"是孟子提出的另一个阐释方法，"逆"就是"迎"的意思。西汉扬雄《方言》中说："逢、逆，迎也。自关而东曰逆，自关而西或曰迎，或曰逢。"关是秦国的函谷关，孟子是关东人，当然说"逆"字。后世将孟子这句话概括为"以意逆志"，即不能拘泥于文字的表层意义，要去追索文字的深层意义，达到

（明）仇英《纯孝图》

舜的父亲瞽瞍、继母及其所生的儿子象都虐待舜，然而舜却以纯孝侍奉父母，善待弟弟，大象和飞鸟都受到感动，来帮助舜耕耘。帝尧听说后将两个女儿嫁给舜，并将天下禅让给他。

读者与作者心灵与精神的沟通与理解。

但是，"以意逆志"并不是任意的主观臆解，必须遵循客观的学术原则和知识背景进行阐释。所以后人也将"以意逆志"与"知人论世"两种方法结合起来，相辅相成。比如王国维《玉谿生诗年谱会笺序》曰：

善哉，孟子之言诗也！曰："说诗者不以文害辞，不以辞害志。以意逆志，是为得之。"顾意逆在我，志在古人，果何修而能使我之所意，不失古人之志乎？此其术，孟子亦言之曰："诵其诗，读其书，不知其人，可乎？是以论其世也。"是故由其世以知其人，由其人以逆其志，则古诗虽有不能解者，寡矣。

孟子解释经典的方法也符合现代解释学的原理。一般认为，文本的阐释至少有两个层次：第一是说明（explanation），即对文本的符号（文字）的把握，由此理解其中所讲述、表达的内容。你不认识字，或是对文本中所写的事物不了解，就无法进入阅读，所以首先要能对文本的内容做出比较准确的描述。第二才是理解（understanding）。任何文字、符号、文本都是语言形式，它既是我们理解古人的唯一途径，也是唯一的障碍，因为语言的"能指"和"所指"并不名副其实。

所谓"能指"是有文化边界的约定俗成的符号体系，比如汉语中用"红"这个字标记一种颜色，绿则标记另一种颜色。但在交通标志中，"红"与"绿"就不是用来标记颜色的，而是指示停止或通过的行为，"红"与"绿"的"能指"在交通语境中的"所指"就不是一回事了。再好比下棋，"能指"是棋盘，而"所指"才是一盘盘的下出来的棋，是语言在不同语境中的运用，构成了无穷的意蕴。

如果我们将文辞视为一个"能指"，它们组成句子，构成文本之后，就成为一个"所指"，其中的意思就超越了文辞本来的意思；同样，文本也是作者和读者之间设定的"能指"，大家都在对其字面内容达成基本共识的基础上展开理解与解释，作者对自己作品的解释与读者的解释大都是不同的。所以，阅读就是读者通过文本与作者开展对话的过程，由于他们的经历与时代不同，因而内心都有不同的"所指"。阐释就是这样一种行为，大家在共同的文本的世界里创发出新义。所以，孟子提出"不以文害辞，不以辞害志。以意逆志，是为得之"，对读者最大的启发就是要对语言文字具有反思意识。

后来庄子主张"言者所以在意，得意而忘言"（《庄子·外物》)，儒家的《易传》主张"书不尽言，言不尽意"（《系辞上》)，禅宗讥讽"落入言诠，死于句下"的"立死汉"（《赵州和尚语录》)，都是孟子的知音。

当然，还有一种更高级的阐释行为，也是儒家阐释经典的目标，那就是实践（practice)，将明白的道理通过生活来印证并赋予新的个人、时代的内涵，就如子贡向孔子请教"有一言而可以终身行之者乎"那样，甚至要"杀身成仁"，"舍生取义"，像文天祥写《正气歌》那样。

孟子是一个"以意逆志"的文本阐释高手。《告子下》中记载他对学生讲《诗经》的事：

公孙丑问曰："高子曰：《小弁》，小人之诗也。"

孟子曰："何以言之？"

曰："怨。"

曰："固哉，高叟之为诗也！有人于此，越人关弓而射之，则己谈笑而道之，无他，疏之也。其兄关弓而射之，则己垂涕泣而道之，无他，戚之也。《小弁》之怨，亲亲也。亲亲，仁也。固矣夫，高叟之为诗也！"

曰："《凯风》何以不怨？"

曰："《凯风》，亲之过小者也。《小弁》，亲之过大者也。亲之过大而不怨，是愈疏也；亲之过小而怨，是不可矶也。愈疏，不孝也；不可矶，亦不孝也。孔子曰：'舜其至孝矣，五十而慕。'"

《小弁》是《小雅》中的一首怨诗。首章便写道："弁彼鸒斯，归飞提提。民莫不穀，我独于罹。何辜于天？我罪伊何？心之忧矣，云如之何！"小弁是一种鸦鸟，看到它们成群而快乐地飞，看着人们都过得和美，抒情主人公伤痛自己悲惨的命运。第三章写道："维桑与梓，必恭敬止。靡瞻匪父，靡依匪母。不属于毛？不罹于里？天之生我，我辰安在？"桑梓是父母种下的树，对之如见父母一样恭敬，天下何人不依恋父母呢，我却和父母隔膜不亲，上天为什么要将我生下？我的命运又如何安顿？所以，其怨来自父母的绝情。

汉代的《毛诗序》说这首诗是周幽王的太傅为太子宜臼所作，"刺幽王也"，因为幽王想要废长立幼，便欲加害太子："幽王取（通"娶"）申女，生太子宜臼，又说（通"悦"）褒姒，生子伯服，立以为后，而放宜臼，将杀之。"

有一次公孙丑在年长的师兄高子那里听他讲论《诗经》，回来告诉孟子："高子说《小弁》这首诗是小人写的。"孟子问：为什么？公孙丑说："《诗》中抱怨父母。"

于是孟子感叹道："高老夫子讲《诗》太固陋了！如果有个人在这里，越人张弓射他，他一定有说有笑地对别人讲这件事，没其他原因，他和越人关系疏远，没有感情。如果是他的兄长对他这样，他一定会对别人哭诉这件事，没有其他原因，他们是兄弟，有亲情。《小弁》这首诗中的怨，是对父母亲情的体现，这种亲爱之情，就是仁爱。高老夫子讲诗，真是固陋不堪啊！"

此时，公孙丑举一反三，忽然想起《邶风》里的《凯风》来，这首诗写道：

> 凯风自南，吹彼棘心。棘心夭夭，母氏劬劳。
>
> 凯风自南，吹彼棘薪。母氏圣善，我无令人。
>
> 爰有寒泉？在浚之下。有子七人，母氏劳苦。
>
> 睍睆黄鸟，载好其音。有子七人，莫慰母心。

凯风是温暖的风，它能将不成材的灌木吹拂长大，就像母亲对儿子的抚养。可是她辛苦养大的七个儿子，却无法让母亲感到安慰。诗中充满对母爱的歌颂和内疚自责之情。古人认为这首诗写一个母亲不守礼教，要改嫁他人，做儿子的只能以自责的方式来慰留母亲。

《毛诗序》说："《凯风》，美孝子也。卫之淫风流行，虽有七子之母，犹不能安其室。故美七子能尽其孝道，以慰其母心，而成其志尔。"

于是公孙丑给老师出了道难题，问孟子："《凯风》这首诗为什么不抱怨呢？"孟子说："《凯风》中的母亲不能守节，只是违背礼俗，不是什么大过错，而《小弁》就不同了，作为天子的父亲听信谗言，要废长立幼，加害太子，这关乎天下的纲常和安危，过错很大。父母有大的过错却不抱怨，这是和亲人更加疏远了；父母有点小过失就抱怨，这是过激的行为。疏远亲人，不宽容亲人，都是不孝，所以孔子曾经说：'舜是个至孝的人，五十岁了，还对父母思慕不已。'"

孟子对《小弁》和《凯风》的讲解非常透彻而感人，关键在于他对人性有深刻的了解，因而不拘泥于道德规范和表面文字来理解诗人的心志。

3. 取义：经典的批判与重构

孟子不仅不拘泥于文辞理解经典，还能对经典持怀疑的态度。《尽心下》中有几章记载孟子和公孙丑讨论梁惠王好战之事。

孟子曰："不仁哉，梁惠王也！仁者以其所爱，及其所不爱；不仁者以其所不爱，及其所爱。"

公孙丑问曰："何谓也？"

"梁惠王以土地之故，糜烂其民而战之，大败，将复之，恐不能胜，故驱其所爱子弟以殉之。是之谓以其所不爱，及其所爱也。"

孟子曰："春秋无义战，彼善于此，则有之矣。征者，上伐下也。敌国不相征也。"

孟子曰："尽信《书》，则不如无《书》。吾于《武成》，取二三策而已矣。仁人无敌于天下，以至仁伐至不仁，而何其血之流杵也？"

梁惠王即魏惠王，他将魏国的都城从安邑迁到大梁，变法图强，和齐国、秦国都打过几仗，开始称王。但孟子指责他贪图邻国土地，打了败仗还要打，驱使魏国的子弟去送死，是个己所不欲必施于人的君主。孟子认为春秋时代没有一场战争是符合道义的，只是有相对的好坏而已。因为征伐之事，一定要代表天下权力和正义的天子才能发动，敌对国家之间是不能互相讨伐的。

那么问题就来了，《武成》是《尚书》中的一篇，现在已经亡佚，孟子是读过的。其中明明写着武王伐商，战斗惨烈到流血漂杵的地步。可是孟子却表示怀疑：既然武王伐商是以"至仁"讨伐"至不仁"的正义战争，而仁者无敌于天下的证明，是受到人民的拥护和敌军的倒戈，因此不可能惨烈到流血漂杵的地步，所以他只相信当中的一部分文字，"取二三策而已"。

此时，孟子对经典的解释达到了一个新高度，即批判性的理解。按照一般的理解，武王伐商诛杀纣王是臣下弑君。有一次齐宣王问孟子："汤放桀，武王伐纣，有诸？"孟子对曰："于《传》有之。"曰："臣弑其君，可乎？"曰："贼仁者谓之'贼'，贼义者谓之'残'。残贼之人，谓之'一夫'。闻诛一夫纣矣，未闻弑君也。"（《梁惠王下》）因此，武王伐纣是维护仁和义的正义战争。

在知人论世的前提下，即便是古代的经典也是可以批判甚至否定的。孟子说过这样的话："大人者，言不必信，行不必果，惟义所在。"（《离娄下》）人的言行正确与否，在于是否合乎道义，并不在言行的结果中评价。同样，经典的内容正确与否，在于是否符合历史与道德，并不由经典的文字来证明。其实，孟子说"春秋无义战"，否定《武成》的记载，都是在批判他生活的战国时代。

诸侯国之间所有的战争，都有一个貌似正义的理由，但在孟子看来，这些信誓旦旦的理由都是称王称霸的借口，因为他们是否符合正义，缺乏唯一的证明，那就是做不到以至仁伐至不仁，得不到人民的拥护，而是糜烂其民而战之。总之，孟子对经典的批判，也是运用经典对现实政治的批判。

孟子不仅能批判、否定经典，还能创造新的经典。在儒学史和经学史上，《史记》中所说孔子晚年喜《易》而作《易传》、鲁哀公十四年西狩获麟后又作《春秋》之事，一直受到怀疑，一个重要的证据就是《论语》中没有相关的明确记载。在传世的文献中，孟子是第一个叙述孔子作《春秋》的人。《孟子》中有两处讲到此事。《滕文公下》曰：

世衰道微，邪说暴行有作，臣弑其君者有之，子弑其父者

有之。孔子惧，作《春秋》。《春秋》，天子之事也。是故孔子
曰："知我者其惟《春秋》乎！罪我者其惟《春秋》乎！"

……

昔者禹抑洪水而天下平，周公兼夷狄、驱猛兽而百姓宁，
孔子成《春秋》而乱臣贼子惧。

《离娄下》曰：

孟子曰："王者之迹熄而《诗》亡，《诗》亡然后《春秋》
作。晋之《乘》，楚之《梼杌》，鲁之《春秋》，一也。其事则
齐桓、晋文，其文则史。孔子曰：'其义则丘窃取之矣。'"

作《春秋》是"天子之事"，是政治的权力。从历史记载中也
可见春秋时代诸侯无私史。章太炎《〈春秋〉故言》曰：

《春秋》，往昔先王旧记也。孟子亦言：《春秋》天子之事。
此由史官皆自周出，而诸侯史记当臧王官（《六国表》云："史
记独臧周室。"），不可私宝，故曰"天子之记"。……列国太史，

（明）仇英《人物故事册》之《子路问津》

图绘乘坐牛车的孔子与弟子行至水边，子路向两位隐士询问渡口，反遭隐士嘲讽的故事。寓示儒家理念在春秋时期得不到理解而处处碰壁，与孟子所处的战国情境相仿佛。

（明）仇英《孔子圣迹图》之《西狩获麟图》

《春秋》记载：鲁哀公十四年春，"西狩获麟"。麟是传说中的仁兽，相传孔子认为这是自己道穷的象征，其所撰《春秋》至此绝笔。

皆出五史陪属，隶于王官，而非其邦臣……侯国既以僭礼自尊，史氏虽王官，寄寓其土，势不得抗，则或屈为其臣……夫惟骨鲠知分职者，虽在寡助，则不肯屈意为其臣隶。故晋灵弑于桃园，齐庄踣于崔氏，太史书曰"赵盾弑其君""崔杼弑其君"。"其君"云者，明非史官之君也。其记当上周室，臧于外史、小史之府，故曰"天子之记"。

史官即便散在各个诸侯国，也以天子的属官自居，按照统一的书法记载各国史事，无论是正直的赵盾杀死了残暴的晋灵公，还是残暴的崔杼杀死了荒淫的齐庄公，两国的史官都按照规定的"书法"写成"赵盾弑其君"和"崔杼弑其君"（《左传》宣公二年、襄公二十五年），如同判决书一样，不分原委。所以当时的诸侯国君臣都惧怕做了恶事之后，"名在诸侯之策"。

《国语·鲁语上》中记载鲁庄公违背礼制，要去齐国观看社祭节日，臣子曹刿谏道："君举必书，书而不法，后嗣何观？"所以，正是这种历史的审判权，成为早期儒学经世的动力。

在孟子关于《春秋》的叙事中，孔子作《春秋》是不得已的事，因为《诗》所代表的王道政治时代已经衰亡，礼崩乐坏，孔子只能越过"述而不作"的身份边界，从历史典籍中寻找新的文化资源，以一己之身承担起重建文化和政治秩序的责任。而《易》和《春秋》是古代巫史执掌的典籍，其中的内容关涉天人之道，相对于记载古代历史的《尚书》，《春秋》是近现代史，讲的都是"齐桓晋文之事"，所以晚年的孔子便对此有了文化自觉，并开启了整理与解释的行动。

孟子还强调了孔子作《春秋》的方法："其义由丘窃取之矣。"意味着孔子将"其文则史"的史官所记《春秋》重新撰作为新的王道政治纲领，将史官们的"书法"创新为儒家政治的"义法"。

无独有偶，在马王堆出土的帛书《易传》中，也有孔子晚年钻研《易》的记载，其越界与取义的倾向和孟子所云孔子作《春秋》之事如出一辙。其中的《要》曰：

子曰："《易》，我复其祝卜矣，我观其德义耳也……史巫之筮，向之而未也，恃之而非也。后世之士疑丘者，或以《易》乎？吾求其德而已，吾与史巫同途而殊归者也。君子德

（清）《孔子圣迹图》之《韦编三绝》

孔子晚年钻研《周易》，作《易传》。由于翻阅频繁，编竹简的牛皮绳子常常脱断，司马迁《史记·孔子世家》称之为"韦编三绝"。

行焉求福，故祭祀而寡也；仁义焉求吉，故卜筮而希也。祝巫卜筮其后乎？"

和《孟子》中所言一样，孔子同样对身份的越界表示担忧，但强调了自己的使命以及与史巫不同的经典阐释方向：不以传习史巫典籍为己任，而是"观其德义"，从中"取义"。

其实，孔子是否作过《易传》和《春秋》并不重要，重要的是谁叙述了这件事，谁在其中表达了时代的期望，谁才是将《易》和《春秋》创造为经典的人。以孟子为代表的战国儒家都从孔子晚年的传说中受到了很大的启发，在古代巫史执掌的文化典籍中寻求更为丰富的思想资源，加以整理、阐说，重构天人之道，并纳入儒家的经典体系，来回应时代的问题。

到了汉代，《公羊春秋》以孔子作《春秋》，拨乱世反诸正，为新王制法为号召，将儒家的经学确立为汉朝的政治宪章。经学当中，又将《易》与《春秋》作为《六经》的轴心，所谓"幽赞神明，通合天人之道者，莫著乎《易》《春秋》"（《汉书·李寻传赞》），"《易》与《春秋》，天人之道也"（《汉书·律历志上》）。所以，孟子创作"孔子作《春秋》"的叙事，不仅奠定了战国秦汉儒家政治思想的重要根据，而且超越了孔子"述而不作，信而好古"的原则，创新了儒家的经典世界和解释方式。

（南宋）刘松年《秋窗读易图》

《易》为群经之首，其中阐论的阴阳之道，启发哲思，为历代文人学士所喜爱。

仁政——人是政治的目的

1. 王何必言利：政治的根本

儒家学说的核心就是关于人的论说，所以，政治是其学说的实践目标。《论语》作为儒家学派的第一部经典，其中第一篇《学而》的首章谈如何学习做人，第二篇《为政》讨论政治实践。孔子也将自己的教育内容分为"德行、言语、政事、文学"四科（《论语·先进》）。《孟子》七篇，第一篇《梁惠王》、第二篇《公孙丑》、第三篇《滕文公》等都讨论政治问题。

孔子云："为政以德。"（《论语·为政》）孟子曰："夫仁政，必自经界始。"（《滕文公上》）所以，德政或仁政是儒家的政治内涵。这种政治思想的内在逻辑是什么呢？

政治是治理人群的行为，所以和伦理一样，都建立在对人性的预设之上。如果认为人性是恶的，就要利用人的趋利避害的本性设计政治，控制人们的行为，赏罚便成为主要的手段。这种政治往往是要实现一个功利性的目标，比如富国强兵之类，先秦的法家学说就是这样。

而儒家的政治目标是成就每个人的道德价值，以人的自我实现为目标，这就要预设人性是善的或者是可以善的。而基于道德伦理设计善的政治，教化与德治便成为主要的政治手段。孟子的政治思想基础就是"不忍人之心"，即人的同情心和道德心。《公孙丑上》曰：

孟子曰："人皆有不忍人之心。先王有不忍人之心，斯有不忍人之政矣。以不忍人之心，行不忍人之政，治天下可运之掌上。所以谓人皆有不忍人之心者，今人乍见孺子将入于井，皆有怵惕恻隐之心，非所以内交于孺子之父母也，非所以要誉于乡党朋友也，非恶其声而然也。由是观之：无恻隐之心，非人也；无羞恶之心，非人也；无辞让之心，非人也；无是非之心，非人也。恻隐之心，仁之端也；羞恶之心，义之端也；辞让之心，礼之端也；是非之心，智之端也。人之有是四端也，犹其有四体也。有是四端而自谓不能者，自贼者也；谓其君不能者，贼其君者也。凡有四端于我者，知皆扩而充之矣，若火之始然，泉之始达。苟能充之，足以保四海；苟不充之，不足以事父母。"

"不忍人之心"是人性中具备的同情心，就像突然看见小孩子快要落入井里，不管什么人都会生发惊恐恻隐之情，而这种情感没有任何功利目的，由此生发出仁爱的美德。同样，羞恶之心产生的义，辞让之心产生的礼，是非之心产生的智，都是人类不同的性情生发出来的美德，正是这些在人的善性当中生发出的伦理道德构成了家、国、天下的政治基础。

所以，儒家最讨厌功利主义的政治，反对为了外在的功利目标牺牲人的利益或性命，更反对功利主义对人性和道德的损害。功利主义政治的危害在孔子的时代尚不明显，因为其时礼崩乐坏，都是统治阶层内部的衰败，所以孔子的德政思想更多地向君子们提出严于律己的要求，他说："君子之德风，小人之德草，草上之风，必偃。""政者，正也。子帅以正，孰敢不正？""君君、臣臣、父父、子子。"（《论语·颜渊》）"其身正，不令而行；其身不正，虽令不从。"（《论语·子路》）

孟子也是如此，他说："君仁莫不仁，君义莫不义。"（《离娄下》）但是孟子处于战国时代，各国皆以富国强兵为国策，假王道之号，行霸道之事，征战不休；而游士们挟纵横之策，陈说利害，鼓舌于诸侯之间；人民苦于横征暴敛，无法安居乐业，所以《孟子》的开篇，就揭示出一种不同于流俗的政治思想。《梁惠王上》曰：

孟子见梁惠王。

王曰："叟，不远千里而来，亦将有以利吾国乎？"

孟子对曰："王，何必曰利？亦有仁义而已矣。王曰：'何以利吾国？'大夫曰：'何以利吾家？'士庶人曰：'何以利吾身？'上下交征利，而国危矣。万乘之国，弑其君者必千乘之家；千乘之国，弑其君者必百乘之家。万取千焉，千取百焉，不为不多矣。苟为后义而先利，不夺不餍。未有仁而遗其亲者也，未有义而后其君者也。王亦曰仁义而已矣，何必曰利？"

孟子首先要辨义利，在他看来，仁义道德才是最根本、最普遍的政治利益。追求眼前的利害得失，本质上就是追求私利，大到国家、中到大夫、小到士庶人，皆以自己的利益为目标，上下交征，危害无穷。反过来，如果追求仁义，就能做到无私而互爱，其凝结而成的道德力量是无敌于天下的。"仁不可为众也。夫国君好仁，天下无敌。"（《离娄上》）

孟子的话可能是不切实际，违背现实政治需求的，但却是符合长远利益的。所以他根本不可能做梁惠王的政治智囊，而只能做天下的政治医生。

孟子认为行仁义有三种境界，《公孙丑上》曰：

孟子曰："以力假仁者霸，霸必有大国；以德行仁者王，王不待大。汤以七十里，文王以百里。以力服人者，非心服也，力不赡也；以德服人者，中心悦而诚服也，如七十子之服孔子也。《诗》云："自西自东，自南自北，无思不服。"此之谓也。

霸主也讲仁义，但靠的是暴力，一定能征服土地和人民。王者的仁政依靠的是德行，不一定有广土众民，却能拥有悦服的人心。所以，仁政的实体是道德文化共同体，而不是以土地和人口计量的国家。不过孟子并不是守株待兔的人，他决不等待商汤和文王出现来施行仁政，而是要积极行动，说服霸主们成为商汤和文王，因为他们都是人，只是他们的善性没有被启发出来而已。《尽心上》曰：

> 孟子曰："尧、舜，性之也；汤、武，身之也；五霸，假之也。久假而不归，恶知其非有也？"

"性之"指对仁义既能自觉又能实现；"身之"指对仁义能够自觉，但要通过努力才能实现；"假之"指将仁义当作借口与工具。

但是孟子说，他们将仁义借去用，时间长了不归还，谁能知道仁义不属于他们呢？这句话后世有点争议，有人认为"久假而不归，恶知其非有也"一句，应该理解为孟子感叹霸主们长期打着仁义的旗号，时间长了还真以为自己在行仁义，而不知道是在利用仁义。但是大多数人理解为霸主们打着仁义的旗号做事，时间长了，也就成了行仁义的人。

宋代理学家杨时说，当年管仲讨伐楚国，以楚国不向周天子进贡包茅为借口，这就是"假"，但是尽管他"初非有勤王之诚心"，但最后能帮助齐桓公成就霸业，尊王攘夷，一匡天下，这样的"假而不归"，怎能知道他不是在行仁义？即便是孔子也称赞管仲为"仁"，因为他做成了仁义的事，"其功可录"（《答问》）。

另一位宋代的理学家张栻也说，久借不归还，其中必有不归还的原因。"若使其久假而不归，亦岂不美乎？""孟子斯言，与人为善，而开其自新之道，所以待天下与来世者，亦可谓弘裕矣。"（《癸巳孟子说》）

所以，即便孟子见到昏聩的君主，都会耐心地启发他们自新改过。孟子是一个与时俱进的人。

2. 民为贵：政治的主体

民本思想是儒家政治的重要内容，他们继承的古代经典中就有"民惟邦本，本固邦宁"（《尚书·五子之歌》）、"天视自我民视，天听自我民听"（《尚书·泰誓》）之类的教导。记载春秋史事的《春秋左氏传》也说："夫民，神之主也，是以圣王先成民而后致力于神。"（《左传》桓公六年）"国将兴，听于民；将亡，听于神。"（《左传》庄公三十二年）"民，神之主也。"（《左传》僖公十九年）

战国时代，人民成为赋税与军队的来源，各国都在争夺人民和土地，在这个意义上，"民惟邦本"可以理解为人民是邦国君主们生存发展的基础，君主才是邦国的主体。

但是孔子和孟子的民是仁政施行的对象，或者说是爱护和保护的对象，所以孟子强调民是邦国的主体，为此他提出"民为贵"的主张。《尽心下》曰：

孟子曰："民为贵，社稷次之，君为轻。是故得乎丘民而为天子，得乎天子为诸侯，得乎诸侯为大夫。诸侯危社稷，则变置。牺牲既成，粢盛既洁，祭祀以时，然而旱干水溢，则变置社稷。"

社稷、君主都是为民而设置的。如果君主危害社稷，就更换君主；社稷之神不能保佑人民，就更换社稷。因此，民意是政治判断的标准。《梁惠王下》曰：

孟子见齐宣王曰："所谓故国者，非谓有乔木之谓也，有世臣之谓也。王无亲臣矣！昔者所进，今日不知其亡也。"

王曰："吾何以识其不才而舍之？"

曰："国君进贤，如不得已，将使卑逾尊，疏逾戚，可不慎与？左右皆曰贤，未可也；诸大夫皆曰贤，未可也；国人皆曰贤，然后察之；见贤焉，然后用之。左右皆曰不可，勿听；诸大夫皆曰不可，勿听；国人皆曰不可，然后察之；见不可焉，然后去之。左右皆曰可杀，勿听；诸大夫皆曰可杀，勿听；国人皆曰可杀，然后察之；见可杀焉，然后杀之。故曰，国人杀之也。如此，然后可以为民父母。"

齐宣王为何没有贤能、亲近的大臣世家呢？因为他不懂如何选择进用贤人，只知道听信身边人的话，于是让小人们得势。孟子告诉他，要一国的人都说某人贤能，才可加以考察任用；要一国的人都说某人不贤，才可加以考察罢免；要一国的人都说该杀，才可加以考察，发现其该死的罪行，然后诛杀。这样你才可以担当起民之父母的重任。

如果君主不能治理好国家，他在孟子眼里就成了被人唾弃的人。《梁惠王下》曰：

> 孟子谓齐宣王曰："王之臣，有托其妻子于其友而之楚游者，比其反也，则冻馁其妻子，则如之何？"
>
> 王曰："弃之。"
>
> 曰："士师不能治士，则如之何？"
>
> 王曰："已之。"
>
> 曰："四境之内不治，则如之何？"
>
> 王顾左右而言他。

一个不称职的君主，就和一个不能受人重托，没资格做朋友的人，或是不能管理好下属的法官一样。齐宣王知道孟子将譬喻指向了自己，只能尴尬地将话题转移。

齐宣王也很聪明，他也在儒家的道德规条中找到一条来为难孟子。还是前文提及的《梁惠王下》记载的齐宣王问臣弑君之事：

> 齐宣王问曰："汤放桀，武王伐纣，有诸？"
>
> 孟子对曰："于《传》有之。"
>
> 曰："臣弑其君，可乎？"
>
> 曰："贼仁者谓之'贼'，贼义者谓之'残'。残贼之人，谓之'一夫'。闻诛一夫纣矣，未闻弑君也。"

齐宣王心想，你孟老夫子成天对我说："世衰道微，邪说暴行有作，臣弑其君者有之，子弑其父者有之。"（《滕文公下》）那我问你，你们推崇的"汤武革命"难道不是弑君？

可是孟子告诉齐宣王，汤武革命杀的不是君，而是贼仁贼义的"一夫"，也就是独夫民贼。不仅如此，他还警告齐宣王，君臣之间也要遵循仁义，不是唯君独尊的："君之视臣如手足，则臣视君如腹心；君之视臣如犬马，则臣视君如国人；君之视臣如土芥，则臣视君如寇雠。"（《离娄下》）

当然，儒家主张施仁政、养民教民，孟子主张"民为贵"，重民意，并不等于我们的现代民主观念，因为他们的民都是圣人、君子们治理的对象，而不是参政的主人。萧公权先生的《孟子的政治思想》中有一段中肯的评价：

民权思想必含民享、民有、民治之三观念。故人民不只为政治之目的，国家之主体，必须具有自动参预国政之权利。以此衡之，则孟子贵民，不过由民享以达于民有。民治之原则与制度皆为其所未闻。故在孟子之思想中民意仅能作被动之表现，治权专操于"劳心"之阶级。暴君必待天吏而后可诛，则人民除取不亲上死长之消极抵抗以外，并无以革命倾暴政之权利。凡此诸端，皆由时代环境所限制。吾人若一考欧洲至十六七世纪犹大倡诛戮暴君之论，至18世纪以后民治之理论与制度始进展流行，则于公元前四世纪"贵民轻君"之孟子，可无间然矣。

所以，我们不能苛求孟子的"民贵论"是否具有"民治"的内涵，而是要看到在公元前4世纪，孟子站在人民的立场上表达这样的主张，已是振聋发聩。他的这些话不仅让当时的君主们，也让后世的君主们听了感到刺耳，到了明朝开国皇帝朱元璋这里终于爆发了。

某日朱元璋读到"君之视臣如土芥，则臣视君如寇雠"时，大怒道："这哪是臣子应该说的话？"于是下诏罢去孟子配祀孔庙，谁敢进谏，以大不敬论罪，并且命卫士射杀。然而刑部尚书钱唐带着棺材，袒胸受箭，抗疏进谏，声称："臣得为孟轲死，死有余荣！"朱元璋被他的诚恳感动，收回成命，并让太医为钱唐疗伤。（〔明〕陈建《皇明通纪》洪武二十三年）后又命大学士刘三吾编纂《孟子节文》，删去《孟子》中扎眼的文字八十五条，科举取士皆予以回避。（容肇祖《明太祖的〈孟子节文〉》）后来有人怀疑不存在此事，明末清初的大学者全祖望撰写《辨钱尚书争孟子事》一文，力辩此事不诬。（《鲒埼亭集》卷三十五）

无独有偶，16世纪日本皇室讲读《孟子》时，讲官也将《孟子》以及赵岐《孟子章句》中批判君主的言论加上眉批，讲时回避不读。（黄俊杰《论东亚儒家经典诠释与政治权力之关系：以〈论语〉〈孟子〉为例》）

3. 恒产与恒心：制民之产

和对统治者严格要求不同，对于人民，孔子主张尽可能地推行仁政。"道千乘之国，敬事而信，节用而爱人，使民以时。"（《论语·子路》）"民之于仁也，甚于水火。水火，吾见蹈而死者矣，未见蹈仁而死者也！"（《论语·卫灵公》）

仁政的步骤，便是先"富之"，再"教之"。（《论语·子路》）孟子甚至认为教民更为重要："仁言不如仁声之入人深也，善政不如善教之得民也。善政，民畏之；善教，民爱之。善政得民财，善教得民心。"（《尽心上》）根据这样的思想，孟子进而丰富了仁政的内容。

《梁惠王上》中记载了孟子与齐宣王的对话。齐宣王是个急着想称王称霸的功利主义者，于是孟子就和他作了一次深入的长谈，告诉他何为更高的政治理想以及实现的途径。

齐宣王问曰："齐桓、晋文之事，可得闻乎？"

孟子对曰："仲尼之徒，无道桓、文之事者，是以后世无传焉。臣未之闻也。无以，则王乎？"

曰："德何如则可以王矣？"

曰："保民而王，莫之能御也。"

孟子对齐宣王的政治浅见表示蔑视，声称齐桓、晋文之类的春秋霸业为儒家所不齿，儒家的政治理想是文、武、周公代表的王道。

宣王觉得这样的德治理想太迂阔，于是问孟子：我的德行要何种程度才能行王道于天下？孟子的回答很简单：保民就能行王道，就能无敌于天下。

齐宣王听了，便想知道自己是否具备保民的能

汉瓦当墨拓"仁义自成"

"仁义"是孟子大声疾呼的价值观念，但在孟子所处的战国时代，君主追求霸道，视仁义为迂阔。

力，于是孟子就举了宣王自己的事情启发他自觉出这样的能力。

日："若寡人者，可以保民乎哉？"

日："可。"

日："何由知吾可也？"

日："臣闻之胡龁曰：'王坐于堂上，有牵牛而过堂下者，王见之，曰：牛何之？对曰：将以衅钟。王曰：舍之！吾不忍其觳觫，若无罪而就死地。对曰：然则废衅钟与？曰：何可废也？以羊易之！'不识有诸？"

日："有之。"

日："是心足以王矣。百姓皆以王为爱也，臣固知王之不忍也。"

王曰："然。诚有百姓者。齐国虽褊小，吾何爱一牛？即不忍其觳觫，若无罪而就死地，故以羊易之也。"

日："王无异于百姓之以王为爱也。以小易大，彼恶知之？王若隐其无罪而就死地，则牛羊何择焉？"

王笑曰："是诚何心哉？我非爱其财。而易之以羊也，宜乎百姓之谓我爱也。"

曰："无伤也，是乃仁术也，见牛未见羊也。君子之于禽兽也，见其生，不忍见其死；闻其声，不忍食其肉。是以君子远庖厨也。"

王说（通"悦"），曰：《诗》云：'他人有心，予忖度之。'夫子之谓也。夫我乃行之，反而求之，不得吾心。夫子言之，于我心有戚戚焉。此心之所以合于王者，何也？"

孟子说，大王见到一头将要被宰杀衅钟（古代杀牲以血涂钟行祭）的牛生发出恻隐之心，让人放了牛换头羊去衅钟，由此便知王有仁爱之心。齐国的百姓都误以为大王小气，舍不得宰牛，其实大王是不忍心。不过大王也不要觉得他们不理解您，因为您以小换大，所以他们不理解。大王动了恻隐之心，其实是不分牛与羊的。君子远庖厨，就是不忍心看到、听到禽兽被杀和哀嚎，这是行仁的方法。

齐王听了很高兴，自己怎么想也想不明白做出这个举动的原因，而孟子的话说到了自己的心坎上，"于我心有戚戚焉"。

不过齐宣王还是不理解这和王道有何关联，于是孟子继续开导他：

> 曰："有复于王者曰：'吾力足以举百钧，而不足以举一羽；明足以察秋毫之末，而不见舆薪。则王许之乎？'"
>
> 曰："否。"
>
> "今恩足以及禽兽，而功不至于百姓者，独何与？然则一羽之不举，为不用力焉；舆薪之不见，为不用明焉；百姓之不见保，为不用恩焉。故王之不王，不为也，非不能也。"
>
> 曰："不为者与不能者之形，何以异？"
>
> 曰："挟太山以超北海，语人曰：'我不能。'是诚不能也。为长者折枝（通"肢"），语人曰：'我不能。'是不为也，非不能也。故王之不王，非挟太山以超北海之类也；王之不王，是折枝之类也。老吾老，以及人之老；幼吾幼，以及人之幼。天下可运于掌。《诗》云：'刑于寡妻，至于兄弟，以御于家邦。'言举斯心加诸彼而已。故推恩足以保四海，不推恩无以保妻

泰山

子。古之人所以大过人者，无他焉，善推其所为而已矣。今恩足以及禽兽，而功不至于百姓者，独何与？权，然后知轻重；度，然后知长短。物皆然，心为甚。王请度之！抑王兴甲兵，危士臣，构怨于诸侯，然后快于心与？"

孟子是个很善于打比方的人，赵岐说他"长于譬喻"。他说如果有人告诉大王，某人力大得能举数千斤而不能举起一根羽毛，眼尖得能察见鸟兽秋天生出的细毛却看不见一车柴禾，您能相信吗？同样的道理推到大王身上：能施恩于禽兽，却不能加恩于百姓，就如举不动一根羽毛，是因为不想去举；看不见一车柴禾，是因为不想去看；不施恩保民，是大王您不去做。所以大王行不了王道，并不是没有能力，而是没有愿望。

　　齐宣王问：不为与不能有何区别？孟子说：挟持泰山跨越北海的事，对人家说我做不了，这是真的没有能力去做。对着长辈弯折腰肢，行礼拜揖，对人家说我做不了，这是不想做，不是不能做。大王不行王道，属于后一类。

　　这件事做起来非常简单，就是推己及人。尊养自己的老人，便推之于他人的老人；爱护自己的幼子，便推之于他人的幼子。

这样推行王道于天下，容易得如同运转于掌中。《大雅·思齐》中歌唱文王尊敬祖先，成为妻子的楷模，成为兄弟的楷模，因此能够治理家国。说的是他能将这种尊敬之心加之于其他人罢了。因此，能推恩就能保四海天下，反之便无法保妻子。古人之所以有很大的过人之处，就在于善于推广自己的善行。

大王您的仁恩足以加之于禽兽，却不能见效于百姓，这是什么原因呢？任何事物，有了权衡便知道轻重，有了尺寸便知道长短，人心更是如此地有尺度和称量。大王请衡量一下吧！难道您非要兴师动众，危害士臣，与诸侯们结怨才快意吗？

齐宣王马上否定孟子对自己的批评，他认为孟子根本不理解他的政治宏图，他称之为"大欲"：

王曰："否。吾何快于是？将以求吾所大欲也。"

曰："王之所大欲，可得闻与？"

王笑而不言。

曰："为肥甘不足于口与？轻暖不足于体与？抑为采色不

足视于目与？声音不足听于耳与？便嬖不足使令于前与？王之诸臣皆足以供之，而王岂为是哉？"

曰："否。吾不为是也。"

曰："然则王之所大欲可知已。欲辟土地，朝秦、楚，莅中国而抚四夷也。以若所为，求若所欲，犹缘木而求鱼也。"

王曰："若是其甚与？"

曰："殆有甚焉。缘木求鱼，虽不得鱼，无后灾。以若所为，求若所欲，尽心力而为之，后必有灾。"

曰："可得闻与？"

曰："邹人与楚人战，则王以为孰胜？"

曰："楚人胜。"

曰："然则小固不可以敌大，寡固不可以敌众，弱固不可以敌强。海内之地，方千里者九，齐集有其一。以一服八，何以异于邹敌楚哉？盖亦反其本矣。今王发政施仁，使天下仕者皆欲立于王之朝，耕者皆欲耕于王之野，商贾皆欲藏于王之

市，行旅皆欲出于王之涂（通"途"），天下之欲疾其君者，皆
欲赴诉于王。其若是，孰能御之？"

他让孟子猜猜他的"大欲"。孟子当然知道他的"大欲"并不
是奢靡的生活享受，而是开疆拓土，征服强敌，统治中国，镇
抚四夷。但以征战的方式追求称霸的目标，只能是缘木求鱼，
原因也很简单，以齐国与天下为敌，是以一敌八，如同邹这样
的小国与楚这样的强国打仗一样。

而施行仁政就是回到根本的正道。让天下的贤人都希望到
齐国实现理想，让农夫都希望在齐国耕种，让商贾都希望到齐
国做买卖，让旅行的人都希望经过齐国的道路，让被暴君欺负
的人民都希望来齐国向大王讨个公道，做到这种程度，还有谁
能抵御得了？

齐宣王那颗被"大欲"蒙蔽的心似乎被孟子打动了，表示
愿意在孟子的指导下尝试一下。

王曰："吾惛，不能进于是矣。愿夫子辅吾志，明以教我。
我虽不敏，请尝试之。"

曰："无恒产而有恒心者，惟士为能。若民，则无恒产，因无恒心。苟无恒心，放辟邪侈，无不为已。及陷于罪，然后从而刑之，是罔民也。焉有仁人在位，罔民而可为也？是故明君制民之产，必使仰足以事父母，俯足以畜妻子，乐岁终身饱，凶年免于死亡。然后驱而之善，故民之从之也轻。

"今也制民之产，仰不足以事父母，俯不足以畜妻子；乐岁终身苦，凶年不免于死亡。此惟救死而恐不赡，奚暇治礼义哉？

"王欲行之，则盍反其本矣！五亩之宅，树之以桑，五十者可以衣帛矣。鸡豚狗彘之畜，无失其时，七十者可以食肉矣。百亩之田，勿夺其时，八口之家可以无饥矣。谨庠序之教，申之以孝悌之义，颁白者不负戴于道路矣。老者衣帛食肉，黎民不饥不寒，然而不王者，未之有也。"

这时，孟子的话语机关才算是捕捉到了猎物，于是他开始阐说王道和仁政的纲领——"制民之产"。

在孟子看来，民心是比民众更强大的力量。可是只有士人君子才能做到没有恒产而有恒心，老百姓没有恒产就没有恒心。如果老百姓因为没有恒产而犯罪罹法，其实是统治者在陷害人民——"罔民"。仁人统治人民，就要"制民之产"而不"罔民"。

所谓制民之产，就是要让人民可以奉事父母，养育妻儿，丰年能有温饱，灾年能活下来。在这样的经济基础上，再教育人民向善，人民就乐意服从。反之则国家救死存亡都来不及，如何能顾得了礼义教化之事？大王要行王道和仁政，为何不回到根本上来呢？

那么人民的"产"包括哪些呢？孟子列出的清单一点也不过分。分给农夫五亩宅基地，种些桑树，五十岁的长辈就能穿上丝帛衣服。再按时养些家禽家畜，七十岁的老人就可以吃上肉食。再分给他们一百亩地，让他们安心耕种，就能养活八口之家。然后再办学校，教育子弟孝养老人，尊敬兄长，上了年纪的人都在家休养，不再奔走负担于道路。能让老人身体舒适，食物丰盛，老百姓不受饥寒，如果还不能实现王道，那是没有过的事。

（清）《耕织图册》之《入仓图》局部

孟子曰："有恒产者而有恒心。"因此他主张王道政治首先要为民制产，让人民养生丧死无憾。

（清）《耕织图册》之《采桑图》局部

孟子曰："五亩之宅，树之以桑，五十者可以衣帛矣。"先民很早便掌握了养蚕缫丝的技术，"桑田"也是先民重要的"恒产"。

　　孟子知道，对于齐国这样的国家而言，保民行王道决不是一件难事，只是一念而已，所以他在与齐宣王的对话中，不断地启发他的不忍人之心，揭示这种道德心扩充为仁政的意义。只是道德的快乐很难代替私欲的满足，齐宣王不可能成为尧舜，而且他的脸皮很厚，不久便找到了用小丑式的自贬来对付孟子的大道理的方法。

　　《梁惠王下》说，有一天，齐宣王问孟子如何与邻国打交道，孟子告诉他"惟仁者为能以大事小"，可以保天下；"惟智者为能以小事大"，可保其国。宣王说："寡人有疾，寡人好勇。"孟子说：大王不要好匹夫小勇，要做到周文王、周武王那样，"一怒而安天下之民"，您要能做到，"民惟恐王之不好勇也"。

　　又有一天，齐宣王问孟子：王道政治是什么样子？孟子便向他讲了周文王在岐地做殷商诸侯时的治理事项：耕地的人只交九分之一的收入，统治者世代有俸禄，关口市场只查验不征税，山泽河湖不禁百姓渔猎，犯罪不连累妻儿，老而无妻的鳏夫、老而无夫的寡妇、无儿无女的独居者、失去父亲的孤儿首先得到仁政的关照。齐宣王听了不禁赞美起来。

于是孟子说：大王既然觉得好，为何不去实行呢？齐宣王又说："寡人有疾，寡人好货。"孟子说以前周人的首领公刘也好财货，他让居者有存粮，行者有干粮，大王如果好货，只要和百姓一起好货就行啊！齐宣王马上说我的毛病太多："寡人有疾，寡人好色。"孟子说：周人的太王也好色，他让百姓家里没有嫁不出去的女子，社会上没有找不到妻子的男子，大王如果好色，只要和百姓一起让男女相互爱慕就行啊！

所以，一旦孟子和齐宣王讲大道理，他就说"寡人有疾"，孟子只能顺着他的"疾"再加开导，其实已经被他的无耻戏弄了。

4. 民事不可缓：小国的立国之道

孟子生活的战国，是中国历史上走向郡县制统一国家的大兼并的时代，所以诸国之间的竞争异常激烈，而要在竞争中取胜，就必须富国强兵，要富国强兵，就要增加人口。因此，小国一定先被大国兼并，然后大国之间再相互角力。孟子不仅要求大国的君主行仁政，实现王道，他也指导小国的君主如何自立自强。

滕国是一个小国和弱国，滕文公经过宋国时，孟子对他"道性善，言必称尧舜"（《滕文公上》）。他从楚国回来时又去见孟子，孟子说：你是不是怀疑我说的话？尧舜之事你只要下决心去实践就能做到，滕国如能"绝长补短"，即便是方圆五十里的小国也能治理得好。其实儒家的王道政治就是根源于周文王的政治模式，周文王做商代的诸侯，只有方圆五百里的小国，由于行仁政终于有了天下。

滕文公即位后便向孟子请教治国之道。孟子告诉滕文公"民事不可缓也"，小国更要勤于照顾人民，不可缓慢怠惰，要让人民有恒产，有了安定的生活再加教育。孟子勉励他以周文王为榜样，让滕国这个古老的封国得以复兴："《诗》云：'周虽旧邦，其命惟新。'文王之谓也。子力行之，亦以新子之国！"要让人民有恒产，就要减轻负担，"取于民有制"。因此，孟子侧重向他阐说了夏商周三代的税制。《滕文公上》曰：

夏后氏五十而贡，殷人七十而助，周人百亩而彻，其实皆什一也。彻者，彻也。助者，藉也。龙子曰："治地莫善于助，莫不善于贡。贡者，校数岁之中以为常。乐岁粒米狼戾，多取之而不为虐，则寡取之；凶年粪其田而不足，则必取盈焉。"为民父母，使民盼盼然，将终岁勤动，不得以养其父母，又称贷而益之，使老稚转乎沟壑，恶在其为民父母也？夫世禄，滕固行之矣。《诗》云："雨我公田，遂及我私。"惟助为有公田。由此观之，虽周亦助也。

夏人的税制叫作"贡"，殷人的叫"助"，助就是藉（借），周人的叫"彻"，彻就是通。按照孟子的说法，三代都实行十分之一的税制。后人对此众说纷纭，按照朱子的考据，夏代的农夫每人授田五十亩，一贡五亩。殷人实行"井田制"，一井六百三十亩，分九区，七十亩为一区。八家各种一区，中间七十亩为公田，由大家共同助力耕种，一助七十亩。事实上公田中还有十四亩为庐舍（宅基地），余下五十六亩，每家实际助耕公田七亩。周代每个农夫授田百亩。在乡（国都的郊区）、遂（郊区之外的地区）用夏人的"贡"法，一贡为十亩；卿大夫的采邑则用殷人的"助"，八家共耕一井，一井九百亩，一百亩公田中，留二十亩为庐舍，每家实际助耕公田十亩。周人对不同的田制皆按田亩计算税收，叫作"彻"，一百亩为"彻"。这样算下来，殷人、周人的税收都少于十分之一。

不过孟子赞同一位叫作龙子的古代贤人的观点，他认为助法比贡法好。因为贡法是按照每亩多年收成的平均数收取的，这样的话，遇上丰年，粮食多得浪费抛弃，可以多收但未能多收；遇上凶年，农夫努力耕种也收成不足，应该少收却收多了。为民父母，却让人民终年劳作，不能赡养父母，进而又让他们借贷过日子，老弱饿死，填于沟壑，怎能称得上是为民父母？你们滕国的贵族们都有世袭的俸禄，应该体恤人民。《诗经》中的《小雅·大田》中唱道："雨水浇灌了公田，也浇灌了我的私田。"据此可知周实际也是实行助的制度。

孟子讲三代税制的重心在如何保障人民的生活，而不是如何收税。他十分推崇井田制，这个制度源自古代农村公社，后来也成为封建贵族采邑领地的耕种方式。春秋战国时代，贵族阶层渐渐瓦解，封建庄园经济破产，自耕农成为主要生产力，土地私有合法化，即便是比较保守的鲁国，也在鲁宣公十五年

（前594）实行"初税亩"。所以"井田制"在孟子的时代已成为过去。但新兴的自耕农经济使得传统农村的宗法伦理社会和生活方式解体，自耕农也面临着更加沉重的盘剥，面对天灾也没有合作的力量。

宋儒夏僎《尚书详解》卷六认为龙子和孟子反对贡法，其实是对战国诸侯横征暴敛的批判，因为按照他们的推论，夏时的贡法既有每岁所取的常数，

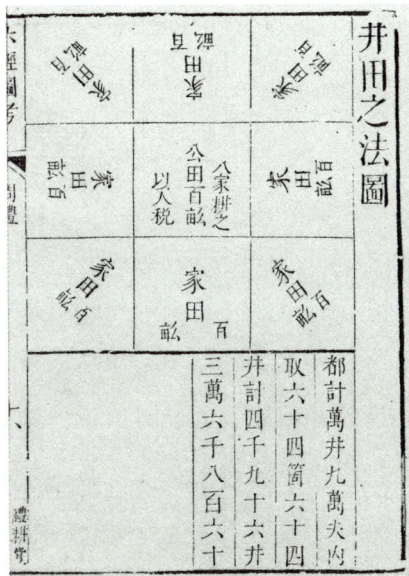

《井田之法图》

选自宋杨甲撰《六经图考》，清康熙元年礼耕堂重订本。可借此明了殷、周税制的大概。

也会有"杂出差等之时"，所以凶年不会多收，而"战国诸侯，重敛搭克，立定法以取民，不因丰凶而损益，且托贡法以文过"，孟子之言"特救战国之失耳"。

清代学者阎若璩《四书释地》赞同宋儒的看法，曰：

盖自鲁宣公税亩以后，诸侯废公田而行贡法，取民数倍于古，乐岁犹可勉供，凶年则不胜其诛求之苦，而皆藉口于夏后氏以文其贪暴，龙子所以痛心疾首而为是言。孟子方劝滕君行助，以革当时之弊，意在伸助，不得不抑贡，故举龙子之言以相形。

滕文公听了孟子的话，过了些时特地派臣子毕战向孟子请教井田制。孟子对他说：你的国君要行仁政了，选择你来执行，你要勉力为之。仁政一定从治地分田、划分田界开始，田界划不正，井田的亩数就不均匀，君子们得到的俸禄就不公平。所以暴君和贪官们一定会怠慢此事，进而兼并巧取。田界划得正，农夫分到的土地和君子的俸禄可以不劳而定了。如何经界呢，孟子针对滕国的现实设计了一套方案：

夫滕壤地褊小，将为君子焉，将为野人焉。无君子，莫治野人；无野人，莫养君子。请野九一而助，国中什一使自赋。卿以下必有圭田，圭田五十亩，余夫二十五亩。死徙无出乡，乡田同井，出入相友，守望相助，疾病相扶持，则百姓亲睦。方里而井，井九百亩，其中为公田，八家皆私百亩，同养公田，公事毕，然后敢治私事，所以别野人也。此其大略也。若夫润泽之，则在君与子矣。

滕国土地很少，既要照顾到郊野农夫，又要照顾到贵族君子。郊野田地多，可以实行井田制的助法，九百亩中一百亩为公田。国门之内的土地不用井田，计亩收税，实行贡法，收取十分之一。卿大夫以下的贵族都有供家中祭祀用的五十亩圭田，可以分给余夫，也就是农夫家里十六岁以上但未成家的弟弟们耕种，每人二十五亩，这样大多数农夫都有田种，一生到死都可以不出乡里。他们共耕一井，出入相友，守望相助，有了疾病相互扶持照顾，百姓之间亲爱和睦。一井方圆一里，大家都共耕公田，公田的农事做完了才耕种自己的私田，将自己的事和供奉君子的事分别开。孟子告诉毕战，这只是个大概，至于如何因地制宜，具体发挥，就看你们君臣的了。

由上可知，孟子提倡井田制，不是仅仅为了恢复古制，而是对传统文化和道德的复兴。因为井田制中的农夫和土地不是一个个单纯的生产单位和国家税源，而是一个个社会生活和风俗文化的共同体。所以，经界与井田，是儒家对中国农业社会文化的整体设计，在中国古代社会制度中最为重要。梁启超先生在其《先秦政治思想史·本论》中这样评价：

> 此制，孟子虽云三代所有，然吾侪未敢具信。或远古习惯有近于此者，而儒家推演以完成之云尔。后儒解释此制之长处，谓"井田之义，一曰无泄地气，二曰无费一家，三曰同风俗，四曰合巧拙，五曰通财货（《公羊传·宣十五》何注）"。此种农村互助的生活，实为儒家理想中最完善之社会组织。所谓"王者之民暤暤如也"（《尽心上》）。虽始终未能全部实行，然其精神深入人心，影响于我国国民性者实非细也。

其实，推行井田制，减少收税仅仅是孟子政治思想中的一部分，在他设计的仁政方案中，最重要的是推出最优惠的政策吸引天下的人才和民众，让士农工商皆能安居乐业。《公孙丑上》曰：

> 孟子曰："尊贤使能，俊杰在位，则天下之士，皆悦而愿立于其朝矣。市，廛而不征，法而不廛，则天下之商，皆悦而愿藏于其市矣。关，讥而不征，则天下之旅，皆悦而愿出于

其路矣。耕者助而不税，则天下之农，皆悦而愿耕于其野矣。廛，无夫里之布，则天下之民，皆悦而愿为之氓矣。信能行此五者，则邻国之民，仰之若父母矣。率其子弟，攻其父母，自有生民以来，未有能济者也。如此，则无敌于天下。无敌于天下者，天吏也。然而不王者，未之有也。”

一个国家"尊贤使能，俊杰在位"，是争取士人的政策；"市，廛而不征，法而不廛"，"关，讥而不征"，是吸引商旅的政策。廛是商铺，"廛而不征"，指只收商人的店铺税，而不征收货物税、营业税。"法而不廛"，指收市场管理税，不收店铺税。前者针对固定开店的坐贾，后者针对流动摆摊的行商。如此则天下的商人都愿意来做买卖。边境和集市的关卡只稽查货物和人员，不征税，如此则天下的商旅都愿意经过这个国家贩运或集散货物。

实行井田制，是吸引农业劳动力的政策。合力耕种，免除税务，天下的农夫都愿意来这个国家种田。"廛，无夫里之布"，是吸引手工业者和市民的政策。城市的居民过去都要交纳"夫里之布"，即一里二十五家男夫应交纳的布匹，现在只交屋基税，免除里布，这样天下有手艺的人都愿意来这个国家劳作。

能实行这五项政策，这个国家就成为邻国人民归向的父母之家，谁愿意攻打自己的父母？如此便能无敌于天下，这就是天意委任的主宰，一定能为天下之王。因此，在孟子的理想社会中，人民和民心是最重要的立国基础，而不是财富和军队。

孟子的经济政策，特别是对于工商的政策，很容易让我们联想起现代国际社会中的自由贸易区。现代贸易中的一个常用词"垄断"也出自孟子的口中。《公孙丑下》曰：

人亦孰不欲富贵？而独于富贵之中有私龙（通"垄"）断焉。古之为市也，以其所有易其所无者，有司者治之耳。有贱丈夫焉，必求龙断而登之，以左右望而罔市利。人皆以为贱，故从而征之。征商自此贱丈夫始矣。

人都可以追求富贵，但不能独揽追求富贵的机会和权利。古代集市本来是不收税的，大家以货易货，设个管理部门而已。但是有个贱丈夫站在高垄上，左右观察，判断何处有利可图。大家都讨厌他，从此便向商人征税了。

由此可见，孟子阐说的儒家政治思想虽然严辨义利，但对基于仁政和公义的社会有一整套的政治、经济与文教设计。这些思想尽管不为时用，但其贡献在于提出了符合道德的政治理想，成为后人不断思考与取资的源头活水。

5. 善战者服上刑：反对战争

按照孔子的说法，"天下有道，则礼乐征伐自天子出；天下无道，则礼乐征伐自诸侯出"（《论语·季氏》）。孟子也说："春秋无义战。彼善于此，则有之矣。征者，上伐下也，敌国不相征也。"（《尽心下》）可能有的国家的政治比其他国家好一些，但他们之间没有互相征讨的权力。

孟子处于战国时代，对战争的反对与厌恶特别激烈。他不相信《尚书》中的《武成》篇，认为周武王伐商，以至仁伐至不仁，不可能残酷到血流漂杵的地步。他对齐宣王不道齐桓、晋文之事，和齐宣王翻脸，也是因为齐国侵略了燕国。

孟子认为，发动战争就是戕害人民的暴政。《尽心下》曰：

孟子曰："不仁哉，梁惠王也！仁者以其所爱，及其所不爱；不仁者以其所不爱，及其所爱。"

公孙丑问曰："何谓也？"

"梁惠王以土地之故，糜烂其民而战之。大败，将复之，恐不能胜，故驱其所爱子弟以殉之。是之谓以其所不爱，及其所爱也。"

梁惠王将他对待敌人的残酷战争加之于他的人民，就是不仁。为了争夺土地，让自己的人民横尸腐烂，打败了还要打，驱使自己所喜爱的子弟为他送命，这就是将他加之于不爱的人的东西推及他喜爱的人。

所以，发动战争就是最大的罪恶。《离娄上》曰：

孟子曰："求也为季氏宰，无能改于其德，而赋粟倍他日。孔子曰：'求非我徒也，小子鸣鼓而攻之可也。'由此观之，君不行仁政而富之，皆弃于孔子者也，况于为之强战？争地以战，杀人盈野；争城以战，杀人盈城：此所谓率土地而食人肉，罪不容于死。故善战者，服上刑。连诸侯者，次之。辟草莱、任土地者次之。"

孟子说，孔子的学生冉求做了鲁国权臣季氏的家臣，不能让季氏向善，反而增收一倍的田赋。孔子说他不是自己的学生，让弟子们鸣鼓驱逐他。由此可见，帮助不行仁政的国君敛财，都会被孔子唾弃，何况帮助他们发动战争呢？为了争夺土地而战，杀人遍野；为了争夺城池而战，杀人满城，这就叫带着土地吃人肉，罪大恶极，死有余辜。所以善于征战的人应该处之以极刑；善于操纵外交，联合诸侯争斗的人次之；开辟荒地，拓耕田地，富国强兵的人再次之。在孟子眼里，兵家、纵横家和法家都是罪人。

孟子声讨战争，但他并非不懂战争。他指出决定战争胜负的关键因素是人民。《公孙丑下》曰：

孟子曰："天时不如地利，地利不如人和。三里之城，七里之郭，环而攻之而不胜。夫环而攻之，必有得天时者矣；然

而不胜者，是天时不如地利也。城非不高也，池非不深也，兵
革非不坚利也，米粟非不多也，委而去之，是地利不如人和
也。故曰域民不以封疆之界，固国不以山溪之险，威天下不以
兵革之利。得道者多助，失道者寡助。寡助之至，亲戚畔之；
多助之至，天下顺之。以天下之所顺，攻亲戚之所畔，故君子
有不战，战必胜矣。"

孟子认为：天时不如地利，地利不如人和。能将一个小城池包
围起来，一定占有了天时，但久攻不下，一定是这个城池占了
地利。如果城坚兵强粮足却弃城而走，一定是城里的人心不
和。所以团结民众不靠疆界的大小，守卫国家不靠地势的险
固，威服天下不靠兵刃甲胄的坚利。拥有道义的人助力就多，
失去道义的人助力就少：少到极至，亲戚都背叛；多到极至，
天下人都来支持。凭着天下的支持攻打众叛亲离的人，所以君
子虽不主张战争，但如果要战，一定会胜利。

　　不仅如此，孟子还指出好战的暴君和诸侯其实都是为王者
开辟道路的"驱除"而已，因为他们丧失民心，不能代表历史
发展的方向，只能充当历史发展的工具。《离娄上》曰：

孟子曰："桀纣之失天下也，失其民也；失其民者，失其心也。得天下有道，得其民，斯得天下矣。得其民有道，得其心，斯得民矣。得其心有道，所欲与之聚之，所恶勿施尔也。民之归仁也，犹水之就下、兽之走圹也。故为渊驱鱼者，獭也；为丛驱爵（通"雀"）者，鹯也；为汤武驱民者，桀与纣也。今天下之君有好仁者，则诸侯皆为之驱矣。虽欲无王，不可得已。今之欲王者，犹七年之病求三年之艾也。苟为不畜，终身不得。苟不志于仁，终身忧辱，以陷于死亡。《诗》云：'其何能淑，载胥及溺。'此之谓也。"

夏桀和商纣两个暴君之所以失去天下，是因为失去了人民的拥护，失去了民心。得天下的方法在于得民，得民的方法在于得民心，得民心的方法在于给予人民希望的东西，去除人民厌恶的东西，如此而已。民心归向仁政，就如水向低处流，群兽奔旷野。因此将鱼群驱赶到深渊里的是水獭，将鸟雀驱赶到丛林里的是鹯鹰，将人民驱赶到商汤和武王那里的是桀、纣。现在只要有个国君行仁政，天下的诸侯们就在为他驱赶人民，想要不做王者都没办法。可是现在这些想要王天下的人，就像生了七年的大病，需要用放了三年的陈艾草来医治才行，这就是所谓的"七年之病求三年之艾"。平时不储备，用时就找不着。平时不行仁政，终身处于忧患耻辱之中，直至灭亡。《诗经·大雅·桑柔》说："毫无希望，全部淹死。"说的就是这些人。

总之，孟子将政治伦理建立在人类的同情心之上，主张仁政，以民为本。在内政方面努力为民制产，轻税减赋，举贤用能，富民教民；在国际政治方面，反对战争，争取民心，维护道义。他的政治思想为中国传统政治文化打下了深深的印记。

君子志于道——孟子与儒家的道统

1. 然而无有乎尔：孟子的使命

从孔子开始，中国进入了由诸子代表的"轴心时代"，也被认为是中国的"哲学突破"时代。胡适先生的《中国哲学史大纲》卷上说："中国哲学到了老子孔子的时候，才可当得'哲学'两个字。"冯友兰先生的《中国哲学史》也说："哲学为哲学家之有系统的思想，须于私人著述中表现之。"

尽管不同文化的哲学内涵不尽相同，但是都表现为对宇宙和人生的系统思想，而这些思想，在中国古代应该称之为"道"或"道术"。诸子都是一些论道者，他们的道术不同甚至相反，但在他们看来，之所以要论辩道之所存，术之所用，是因为古人纯粹完整的道术发生了衰亡与分裂。《庄子·天下》曰：

　　悲夫，百家往而不反，必不合矣！后世之学者，不幸不见天地之纯，古人之大体，道术将为天下裂。

而在儒家看来，古代的道术就是王道仁政和礼乐教化，只是诸子各执一端来拯救衰世。《汉书·艺文志·诸子略序》曰：

　　诸子十家，其可观者九家而已。皆起于王道既微，诸侯力政，时君世主，好恶殊方，是以九家之术蜂出并作，各引一端，崇其所善，以此驰说，取合诸侯。其言虽殊，辟犹水火，相灭亦相生也。

　　在诸子当中，孔子是第一个意识到以一己之身承担道的人。《论语·子罕》记载孔子周游列国时，被人拘留在匡这个地方。孔子在绝境中却说："文王既没，文不在兹乎？天之将丧斯文也，后死者不得与于斯文也；天之未丧斯文也，匡人其如予何？"他将自己视作文王等圣贤的文化传统能够超越时空的印证，从而自觉地担负起"斯文"的使命。钱穆先生《论语新解》说："文指礼乐制度，人群大道所寄。孔子深通周初文、武、周公相传之礼乐制度，是即道在己身。"

　　孟子也是一个自以为"道在己身"的人，他"私淑诸人"的精神追寻，使他对精神文化的传承形式有深刻的体察。《孟子》的最后一篇《尽心下》的最后一章，记录了孟子意味深长的感慨：

　　孟子曰："由尧、舜至于汤，五百有余岁，若禹、皋陶，则见而知之；若汤，则闻而知之。由汤至于文王，五百有余岁，若伊尹、莱朱，则见而知之；若文王，则闻而知之。由文王至于孔子，五百有余岁，若太公望、散宜生，则见而知之；若孔子，则闻而知之。由孔子而来至于今，百有余岁，去圣人之世若此其未远也，近圣人之居若此其甚也，然而无有乎尔，则亦无有乎尔！"

古代圣人之间的思想、精神，其传承方式有"见而知之"和"闻而知之"。而商汤之于尧舜、文王之于商汤、孔子之于文王，都是"闻而知之"的。但正如郭店战国简和马王堆西汉帛书《五行》中所说："见而知之，知也；闻而知之，圣也。"所以，在孟子看来，能够"闻而知之"的人更为高明，其言下之意在于揭示自己的文化使命。孟子在谈论这些圣人时，其实就

山东邹城亚圣孟子墓

是在谈论自己。因此，他发问道：从孔子以来只有百余年，无论是时间还是地点，我们距离圣人如此之近，如果还没有继承者，那圣人的传统也就真的断绝了。这样的发问，无疑是孟子的自我担当。

孔子和孟子都能够通过研究历史，通过参与或观察自己所处的时代，通过自己的实践和体验来思索人类的根本问题，为后世之人提供精神资源和判断能力。尧、舜、禹、汤、文王、武王、周公这个道统，最早是孔子提出来的。《论语》最后一篇《尧曰》中，孔子讲了尧传位给舜、舜传位给禹以及商武革命的事。孔子也以这个统绪的继承者自居，所以他说："文王既没，文不在兹乎？"又说："甚矣，吾衰也！久矣，吾不复梦见周公。"（《论语·述而》）孟子恰恰是继孔子之后自觉地站出来承担并发明了这个道统的人，在这一点上，他和此后的荀子在思想创发方面都超过了孔子的弟子们，成为战国时期两大儒学宗师。冯友兰先生《中国哲学史》评价道：

盖孔子开以讲学为职业之风气，其弟子及以后儒者，多以讲学为职业，所谓"大者为师傅卿相，小者友教士大夫"也。

然能"以学显于当世"者，则推孟子、荀卿。二人实孔子后儒家大师也。孔子在中国历史中之地位，如苏格拉底之在西洋历史；孟子在中国历史中之地位，如柏拉图之在西洋历史，其气象之高明亢爽亦似之；荀子在中国历史之地位，如亚里士多德之在西洋历史，其气象之笃实沉博亦似之。

2. 君子欲其自得之：道的实践

孔子和孟子都将弘道作为人生的使命，努力实践，甚至知其不可而为之。孔子说："人能弘道，非道弘人。"(《论语·卫灵公》)"士志于道。""朝闻道，夕死可矣。"(《论语·里仁》)但他又说："道之将行也与，命也；道之将废也与，命也。"(《论语·宪问》)在孔子看来，命运是不可以人力控制的外在非理性的力量，所以作为文化理想的"道"在人类历史中能否实现，要归之于很多因素，但是作为儒者，弘道这件事是不计成败的，因为这是成就自我价值的唯一途径。

孟子的道也是人生的目的所在。孟子曰："天下有道，以道殉身；天下无道，以身殉道。未闻以道殉乎人者也。"（《尽心上》）天下是否能够"有道"，只能由外在于我们的"命"决定。但对道的弘扬、坚守是由君子自己决定的，生命与道俱存，所以君子不会屈从于外在的压迫或利诱而牺牲道。

孟子多次向人描述道在于身的状态。《尽心上》记载：

孟子谓宋句践曰："子好游乎？吾语子游。人知之亦嚣嚣，人不知亦嚣嚣。"

曰："何如斯可以嚣嚣矣？"

曰："尊德乐义，则可以嚣嚣矣。故士穷不失义，达不离道。穷不失义，故士得己焉；达不离道，故民不失望焉。古之人得志，泽加于民；不得志，修身见于世。穷则独善其身，达则兼善天下。"

"嚣嚣"就是自乐其乐的样子。宋句践好游说诸侯，孟子告诉他不要因为别人是否理解自己就动摇心志，只要能尊德乐义，穷不失义，独善其身，达不离道，兼善天下，就能达到这样的心理状态。而这样的原则也是君子修身的正确方法，《离娄下》曰：

> 孟子曰："君子深造之以道，欲其自得之也。自得之，则居之安；居之安，则资之深；资之深，则取之左右逢其原。故君子欲其自得之也。"

"君子深造之以道"，可以按赵岐所说"欲深致极竟之以知道意"；也可按朱子所云"进为之方"，理解为君子修养的方法，因为前者想要明白什么是道，后者依循道来成就自我，是对道的实践，而深造的境界正是由自得而自在的状态。

《礼记·中庸》里说："君子尊德性而道问学，致广大而尽精微，极高明而道中庸。"孟子的君子之道，既有极其崇高的一面，也有极其平易的一面。《尽心上》曰：

> 孟子曰："孔子登东山而小鲁，登太山而小天下。故观于海者难为水，游于圣人之门者难为言。观水有术，必观其澜。日月有明，容光必照焉。流水之为物也，不盈科不行；君子之

孔子登泰山处

孟子曰："孔子登东山而小鲁，登太（泰）山而小天下。"

志于道也，不成章不达。"

太山为山之高，海为水之大，圣人之道高大不可以言语形容。但正如观水观其波澜湍急之处，观日月观其光明照耀之处一样，道也是有本有源的，君子有志于履践大道，就要如水之流行，积满而进，厚积薄发，逐渐达到道的境地。

《尽心上》又载：

公孙丑曰："道则高矣，美矣，宜若登天然，似不可及也。何不使彼为可几及而日孳孳也？"

孟子曰："大匠不为拙工改废绳墨，羿不为拙射变其彀率。君子引而不发，跃如也。中道而立，能者从之。"

公孙丑不理解为什么道是如此不可企及，为什么不让道变得可以攀登，使人们每天都有希望去努力实践。孟子告诉他，道是不会降低到达的标准和要求的，就像高明的匠人不会将就低手改变规矩准绳，后羿不会因为低手降低张弓的弯度。君子张弓不射，跃跃欲试，立于中道做出榜样，有能力的人就能跟从。

（南宋）《高士观水图》

孟子曰："观水有术，必观其澜。"这也是后世哲人的悟道方法。

尽管明道、体道的过程是一个立志、积累和攀登的过程，但是求道的方向不是向外，而是反躬自求的，所以道的高深是与道的平易互为存在的。《尽心下》曰：

孟子曰："言近而指远者，善言也；守约而施博者，善道也。君子之言也，不下带而道存焉。君子之守，修其身而天下平。人病舍其田而芸人之田，所求于人者重，而所以自任者轻。"

谈论平常眼前的事，如目之所见，不及于腰带以下，但其中的意义却深远，这就是"善言"；操守简易，修养自我而已，但其影响却广博至于天下，这就是"善道"。人的毛病往往在于要求别人严格苛刻，而对自己却很放松。

3. 予岂好辩哉：道的争论

道术既为天下裂，因而诸子的时代也是百家争鸣的辩论时代。孔子时代尚无此风气，所以他主张"君子欲讷于言而敏于行"（《论语·里仁》），"有德者必有言，有言者不必有德"（《宪问》）。

但是孟子的时代，诸子蜂起，他又处在齐国的稷下，不得不面对严峻的挑战，因此必须站出来辩论卫道，还被世人视为好辩之人。《滕文公下》曰：

公都子曰："外人皆称夫子好辩，敢问何也？"

孟子曰："予岂好辩哉？予不得已也。天下之生久矣，一治一乱。当尧之时，水逆行，泛滥于中国，蛇龙居之，民无所定。下者为巢，上者为营窟。《书》曰：'洚水警余。'洚水者，洪水也。使禹治之。禹掘地而注之海，驱蛇龙而放之菹。水由地中行，江、淮、河、汉是也。险阻既远，鸟兽之害人者消，然后人得平土而居之。尧、舜既没，圣人之道衰。暴君代作，坏宫室以为污池，民无所安息；弃田以为园囿，使民不得衣食。邪说暴行又作，园囿、污池、沛泽多而禽兽至。及纣之身，天下又大乱。周公相武王，诛纣伐奄，三年讨其君，驱飞廉于海隅而戮之。灭国者五十，驱虎、豹、犀、象而远之。天下大悦。《书》曰：'丕显哉！文王谟；丕承哉！武王烈。佑启我后人，咸以正无缺。'世衰道微，邪说暴行有作，臣弑其君者有之，子弑其父者有之。孔子惧，作《春秋》。《春秋》，天子之事也。是故孔子曰：'知我者其惟《春秋》乎！罪我者其惟《春秋》乎！'圣王不作，诸侯放恣，处士横议，杨朱、墨翟之言盈天下。天下之言，不归杨，则归墨。杨氏为我，是无君也；墨氏兼爱，是无父也。无父无君，是禽兽也。公明仪曰：'庖有肥肉，厩有肥马；民有饥色，野有饿莩，此率兽而食人也。'杨墨之道不息，孔子之道不著，是邪说诬民，充塞仁义也。仁义充塞，则率兽食人，人将相食。吾为此惧，闲先圣之道，距（通"拒"）杨墨，放淫辞，邪说者不得作。作于其心，害于其事；作于其事，害于其政。圣人复起，不易吾言矣。昔者禹抑洪水而天下平，周公兼夷狄、驱猛兽而百姓宁，孔子成《春秋》而乱臣贼子惧。《诗》云：'戎狄是膺，荆舒是惩，则莫我敢承。'无父无君，是周公所膺也。我亦欲正人心，息邪说，距（通"拒"）诐行，放淫辞，以承三圣者，岂好辩哉？予不得已也。能言距杨墨者，圣人之徒也。"

学生公都子不理解老师为何如此好辩，孟子急得说了两遍"予岂好辩哉？予不得已也"，因为世道乱了。古代洪水鸟兽横行，尧和禹平定水土，让人民得以安居。后来暴君代出、邪说暴行代作，武王、周公诛暴讨逆，使天下大治。然而世衰道微，邪说暴行又作，弑君弑父者有之，孔子作《春秋》以救世。而当下圣王尚未出现，诸侯无法无天，民间的士人随便地议论，特别是杨朱和墨翟的言论流行天下。但杨朱主张为我，无视天下国家，这是无君；墨翟主张兼爱，无视孝悌之义，这是无父。无父无君的人与禽兽一样，他们的学说是孔子之道最大的敌人，所以在当今之世，圣人的门徒必须辩倒杨朱和墨翟，"正人心，息邪说，距诐行，放淫辞"。

儒家之后，以道家和墨家的学说影响最大。杨朱是早期道家，在《论语》当中，已经有一些隐士讥笑孔子汲汲于用世，他们可能是没落的贵族或是失业的巫史，因而成为旁观、冷静的哲人，将人类文明的弊端归咎于无所节制的欲望，主张保全自己的身体，不干预世事，不被外物和名利诱惑。墨子和他的门徒代表着平民的主张，他们都是些杰出的工匠，师徒组织严密，擅长制作器械，这种行帮式的学派推崇大禹，行侠仗义，反对儒家基于宗法血缘亲疏的仁爱，主张平等无差的兼爱，推崇功利，主张节俭、薄葬，笃信鬼神，有着强烈的宗教精神。

所以在孟子看来，杨朱和墨翟都太极端，因而失去了中道。他这样概括他们的学说："杨子取为我，拔一毛而利天下，不为也。墨子兼爱，摩顶放踵利天下，为之。子莫执中，执中为近之。执中无权，犹执一也。所恶执一者，为其贼道也，举一而废百也。"（《尽心上》）杨朱丝毫不愿付出，而墨翟舍身救世，都很极端。但是鲁国有个叫子莫的贤人主张执中，执中似乎是对的，但是如果一味执中，不知权变，这和固执于一端没有两样。孟子为什么讨厌固执一端呢？因为这不是正确的方法，只顾一点而抛弃了其他。

由此可见，孟子反对任何理念上的固执，而是关注道能否在社会生活中成功地实践。行于中道，但是也要能够权变。比如按照礼教，男女授受不亲，如果嫂子落水也不知权变，援之以手，这就是禽兽了。（《离娄上》）

现在看来，孟子执中而权变的思想是一种很大的智慧，人类历史上很多悲剧都是由一些极端思想造成的。

孟子是怎样和墨家辩论的呢？《滕文公上》曰：

墨者夷之，因徐辟而求见孟子。

孟子曰："吾固愿见，今吾尚病，病愈，我且往见。"

夷子不来。他日，又求见孟子。

孟子曰："吾今则可以见矣。不直则道不见，我且直之。吾闻夷子墨者，墨之治丧也，以薄为其道也。夷子思以易天下，岂以为非是而不贵也？然而夷子葬其亲厚，则是以所贱事亲也。"

徐子以告夷子。夷子曰："儒者之道，'古之人若保赤子'，此言何谓也？之则以为爱无差等，施由亲始。"

徐子以告孟子，孟子曰："夫夷子信以为人之亲其兄之子为若亲其邻之赤子乎？彼有取尔也：赤子匍匐将入井，非赤子之罪也。且天之生物也，使之一本，而夷子二本故也。盖上世尝有不葬其亲者，其亲死，则举而委之于壑。他日过之，狐狸食之，蝇蚋姑嘬之。其颡有泚，睨而不视。夫泚也，非为人泚，中心达于面目，盖归反虆梩而掩之。掩之诚是也，则孝子仁人之掩其亲，亦必有道矣。"

徐子以告夷子。夷子怃然，为间，曰："命之矣！"

孟子并没有接受学生徐子为墨家学者夷子转达的见面请求，后来夷子又要见，孟子见他有诚意，就让学生问夷子：你们墨家要求人家薄葬，但你却厚葬自己的父母，这不是拿自己鄙视的事对待父母吗？夷子让徐子回复说：你们儒家主张《尚书》中说的爱护百姓如保护婴儿，这是什么意思？我的行为是符合我们墨家说的爱无差等，只不过先从父母做起罢了。孟子听了又说：夷子真的认为人们爱自己兄弟的儿子会和爱邻居家的儿子是一回事吗？他只知其一不知其二。婴儿快爬到井里了，这不是婴儿的错，每个人看见了都会动恻隐之心去营救，但这并不是爱无差等的证明。上天生长的万物都只有一个父母，所以爱也只有一个本源，而夷子却以为有两个本源。

大概上古的时候有人不埋葬自己父母，父母死了便抛入沟壑之中。过了几日经过那里，看到父母的尸体被狐狸吃着，被蚊蝇叮咬，于是禁不住汗流满面，见人抬不起头来。他的汗不是流给别人看的，而是出于内心的悔恨，自然显露于颜面。他一定会赶紧回家拿了锄头畚箕来将尸体埋葬了。由此可见仁人孝子安葬他的父母，一定是有道理的。夷子听了怅然若失地说：受教了！

《滕文公上》中还记载了孟子和农家的辩论。楚国有个叫许行的农家学者，带着一帮弟子到滕国来。滕文公给他田地，他们便开始自耕生活。宋国的儒家学者陈相和弟弟陈辛也来滕国，看到许行后很羡慕，便跟着学。

陈相见到孟子说：滕君虽是个贤君，但不知大道。贤人应该一边和百姓共同耕种，自己做饭，一边治理国家。而滕国有粮仓国库，这是剥削人民来供养自己，这怎能算得上是贤君呢？

于是孟子问陈相，许子自耕自食，也自己纺织吗？陈相说：用粮食换。孟子问：为什么不亲自纺织呢？陈相说：这会妨碍耕种。孟子又问：许子吃饭的陶器和种田的铁器都是他自己制造的吗？陈相说：也是用粮食换的。孟子说：他不停地和工匠们交易，就不怕妨碍工匠们的耕种？陈相说：这些工匠们不可能一边耕种一边去做东西啊！于是孟子开始教训他了：

然则治天下独可耕且为与？有大人之事，有小人之事。且一人之身而百工之所为备，如必自为而后用之，是率天下而路也。故曰：或劳心，或劳力。劳心者治人，劳力者治于人；治于人者食人，治人者食于人：天下之通义也。

所有的工作都是社会分工，有大人之事和小人之事，农人可以和百工交换，唯独统治者要亲自耕种？样样事都要自己做，这不是让天下人疲于奔命吗？所以有劳心的人，他们负责治理之

事，就要吃别人种的粮食；有劳力的人，他们负责生产供给之事，这是天下人都懂的道理。

孟子又说：尧、舜、禹、后稷、契这些古代的圣人，为民除害，教民稼穑，治理天下，日不暇给，"圣人之忧民如此，而暇耕乎？"最后，孟子责备陈相背叛了儒家之道：

吾闻用夏变夷者，未闻变于夷者也。陈良，楚产也。悦周公、仲尼之道，北学于中国。北方之学者，未能或之先也。彼所谓豪杰之士也。子之兄弟事之数十年，师死而遂倍（通"背"）之。昔者孔子没，三年之外，门人治任将归，入揖于子贡，相向而哭，皆失声，然后归。子贡反，筑室于场，独居三年，然后归。他日，子夏、子张、子游以有若似圣人，欲以所事孔子事之。强曾子。曾子曰："不可。江汉以濯之，秋阳以暴之，皓皓乎不可尚已。"今也南蛮鴃舌之人，非先王之道，子倍（通"背"）子之师而学之，亦异于曾子矣。

孟子说：我只听说华夏的文化可以改变蛮夷的文化，没有听说被蛮夷改变的。你们的老师是楚人陈良，他向往周公、孔子的道，来北方学习，北方的学者都赶不上他。可是你们兄弟跟他学了几十年，老师一死就背叛！孔子死后，三年守丧毕，子贡独自又在墓旁结庐，多守了三年丧。子夏、子张、子游认为有若长得像孔子，要求大家将有若代替孔子事奉起来，但是遭到曾子的强烈反对。现在许行这个说着像鸟叫口音的南蛮，非毁先王之道，你却背叛师说而跟从他，和曾子怎么能比？

孟子和道家也有辩论，《告子下》曰：

宋牼将之楚，孟子遇于石丘，曰："先生将何之？"

曰："吾闻秦楚构兵，我将见楚王说而罢之。楚王不悦，

山东曲阜孔子墓

我将见秦王说而罢之。二王我将有所遇焉。"

曰:"轲也请无问其详,愿闻其指。说之将何如?"

曰:"我将言其不利也。"

曰:"先生之志则大矣,先生之号则不可。先生以利说秦楚之王,秦楚之王悦于利,以罢三军之师,是三军之士乐罢而悦于利也。为人臣者怀利以事其君,为人子者怀利以事其父,为人弟者怀利以事其兄,是君臣、父子、兄弟终去仁义,怀利以相接,然而不亡者,未之有也。先生以仁义说秦楚之王,秦楚之王悦于仁义,而罢三军之师,是三军之士乐罢而悦于仁义也。为人臣者怀仁义以事其君,为人子者怀仁义以事其父,为人弟者怀仁义以事其兄,是君臣、父子、兄弟去利、怀仁义以相接也,然而不王者,未之有也。何必曰利!"

宋牼在古书中也写作宋钘、宋荣子,是个道家人物。他要去游说秦楚两国罢兵。孟子问他怎样劝和,他说对他们讲打仗不利。孟子说你的愿望很好,但道理不对,分析利害,大家都讲功利;但如果倡导仁义,大家都讲仁义,这才能达到真正的和平。

孟子的辩论风格虽然犀利，但并不专制。他对儒家之道非常自信，所以他认为人必须自己觉悟，而不是强行接受。《尽心下》曰：

孟子曰："逃墨必归于杨，逃杨必归于儒。归，斯受之而已矣。今之与杨、墨辩者，如追放豚，既入其苙，又从而招之。

孟子认为，从墨家和杨朱那里迷途知返的人，接受他们就行了，但不要强求他们永远服膺儒家之道，不能像追逐走失的猪那样，赶回圈里还要捆住腿脚。

《尽心下》中记载孟子在滕国的旅馆上宫里讲学，旅馆的人将没有编织好的草鞋放在窗台上，去拿时不见了，便问孟子是不是听课的学生藏起来了。孟子反问他：你觉得他们是为了偷你的草鞋而来的吗？旅馆的人说：当然不是，不过"夫子之设科也，往者不追，来者不拒。苟以是心至，斯受之而已矣"。既然孟子讲学，不想听的不强求，想听的不拒绝，只要他们带着向学之心来听即可，其中自然什么人都有，难怪旅馆的人要起疑心了。

由于孟子善辩，他的语言便十分精彩，于是《孟子》不仅成为中国人的思想源泉之一，也是语言源泉之一。他说的话仍然活跃在我们的口中。就成语而言，现代汉语中常用的成语 4 000 多条，孟子就贡献了 40 多条，诸如："揠苗助长""杯水车薪""不言而喻""不远千里""出类拔萃""出尔反尔""大而化之""大旱望云霓""得道多助，失道寡助""吊民伐罪""天时不如地利，地利不如人和""独善其身""兼济天下""俯仰无愧""负隅顽抗""富贵不能淫，贫贱不能移，威武不能屈""好为人师""尽信书，不如无书""老吾老以及人之老，幼吾幼以及人之幼""明察秋毫""摩顶放踵""舍生取义""生于忧患，死于安乐""始作俑者""视如寇仇""事倍功半""水深火热""天降大任""王顾左右而言他""五十步笑百步""先知先觉""一毛不拔""一曝十寒""以邻为壑""引而不发""缘木求鱼""鱼与熊掌不可得兼""自暴自弃""专心致志""左右逢源"等。

孟子的语言充满了道德之美，他的养浩然之气的思想，不仅是道德修养的理论，也成为文学批评的理论。宋代文学家苏辙就说："孟子曰：'我善养吾浩然之气。'今观其文章，宽厚宏博，充乎天地之间，称其气之小大。"（《上枢密韩太尉书》）清代刘熙载也说："集义养气，是孟子本领。"（《艺概·文概》）

4. 孔孟之道：《孟子》与唐宋新儒学

先秦诸子讨论的道，其实是文化价值和发展方向。当春秋战国礼崩乐坏、社会动乱之时，过去的宇宙观、鬼神信仰、礼乐文化都受到怀疑与动摇。因此，诸子提出各自的道作为新的文化价值与方案，就要将这些问题与人性的问题做出总体的思考。

在旧的文化中，现实之外的鬼神天道、星象占卜之事都是由史巫掌管的，开明的贵族君子一般都持"天道远，人道迩"（《左传》昭公十八年）的态度。孔子本人也是这样，《论语·公冶长》中记载子贡曰："夫子之文章，可得而闻也；夫子之言性与天道，不可得而闻也。"所以孔子平常给学生传授古代礼乐和文献知识，很少和学生谈论天道和人性的问题。子路问他鬼神的事，他说："未能事人，焉能事鬼？"问他死亡的事，他说："未知生，焉知死？"（《论语·先进》）

孔子又对学生说："吾道一以贯之。"曾子解释说："忠恕而已矣。"（《论语·里仁》）所以，儒家的道，既是礼乐文明、道德教化这些人类共同的原则，同时也是每一个人成就自我的道路，所以，儒家的道就是"人道"——人之为人之道。道既在己身，就在日常生活中去体会、履践，实现人生的价值，没有很多玄虚。

但是孔子之后，道家、阴阳家都提出了新的宇宙观和人性论，以自然之道否定仁义道德，而墨家又提出天志、明鬼等思想，主张天有道德意志，鬼神有赏罚之权。所以，儒家必须回答天与人的根本问题，为儒家之道确立形而上学的根据。被视为子思所作的《中庸》，收在《礼记》之中，开篇便说：

天命之谓性，率性之谓道，修道之谓教。道也者，不可须臾离也，可离非道也。是故君子戒慎乎其所不睹，恐惧乎其所不闻。莫见乎隐，莫显乎微，故君子慎其独也。喜怒哀乐之未发，谓之中；发而皆中节，谓之和。中也者，天下之大本也；和也者，天下之达道也。致中和，天地位焉，万物育焉。

这段话明确地谈论了性与天道。天赋予我们人性，道就是发展、完成人性的过程，在实践道的过程中我们必须不断地修正，合乎道的方向，这就是教化。个人的持续修养，达到中和的境界，最后便与天道合一，并且赋予天地以意义，赞助万物实现其生命的价值。

孟子关于心性、养气、万物皆备于我、圣人之于天道等论述，都带有类似的形而上学色彩，但又不离实践的基础，所以他强调尽心知性而知天，存心养性而事天，反求诸己。在孟子的学说中，天道和人道与每个人现实的生命价值和发展紧密相关，天道必须通过人道显现出来。

事实上，从孔子说出"吾道一以贯之"，一直到孟子，儒家学派不断地提炼古代礼乐文明的价值与意义，将外在的文化制度和道德规范转化为由个人承载的文化精神，这样，孔子、孟子在乱世陶铸出来的儒家之道就成了一种精神传统，具有了超越性，每每在历史或文化的一些重要时期，就会被思想家们自觉出来，加以发扬光大。东汉末年赵岐撰写《孟子章句》，就是一个例证。

孟子思想在中国历史上最重要的发现，是在中唐以后。当强盛繁荣的大唐帝国遭受安史之乱的摧残，思想家如韩愈、李翱等人意识到，唐朝失败的重要原因是缺乏其应有的道德文化和精神支柱，人心沉浸于佛道二教的空虚之中，发生了文化危机。

韩愈做考官时，给进士科的考生们出过十三道命题，后人纂集为《进士策问十三首》，其中一题这样写道：

问：夫子既没，圣人之道不明，盖有杨、墨者，始侵而乱之，其时天下咸化而从焉，孟子辞而辟之，则既廓如也。今其书尚有存者，其道可推而知不可乎？其所守者何事？其不合于道者几何？孟子之所以辞而辟之者何说？今之学者有学彼者乎？有近于彼者乎？其已无传乎？其无乃化而不自知乎？其无传也，则善矣；如其尚在，将何以救之乎？诸生学圣人之道，必有能言是者，其无所为让。

（上图为竖排小楷书法，自右向左读）

上果賢乎下果不肖乎則生人之理亂未可知也將欲利其社稷以一其人之視聽則又有世大夫世食祿邑以盡其封略聖賢生於其時亦無以立於天下封建者為之也豈聖人之制使至是乎吾固曰非聖人之意也勢也

原道

博愛之謂仁行而宜之之謂義由是而之焉之謂道足乎己無待於外之謂德仁與義為定名道與德為虛位故道有君子小人而德有凶有吉老子之小仁義非毀之也其見者小也坐井而觀天曰天小者非天小也其彼以煦煦為仁孑孑為義其小之也則宜其所謂道道其所道非吾所謂道也其所謂德德其所德非吾所謂德也凡吾所謂道德云者合仁與義言之也天下之公言也老子之所謂

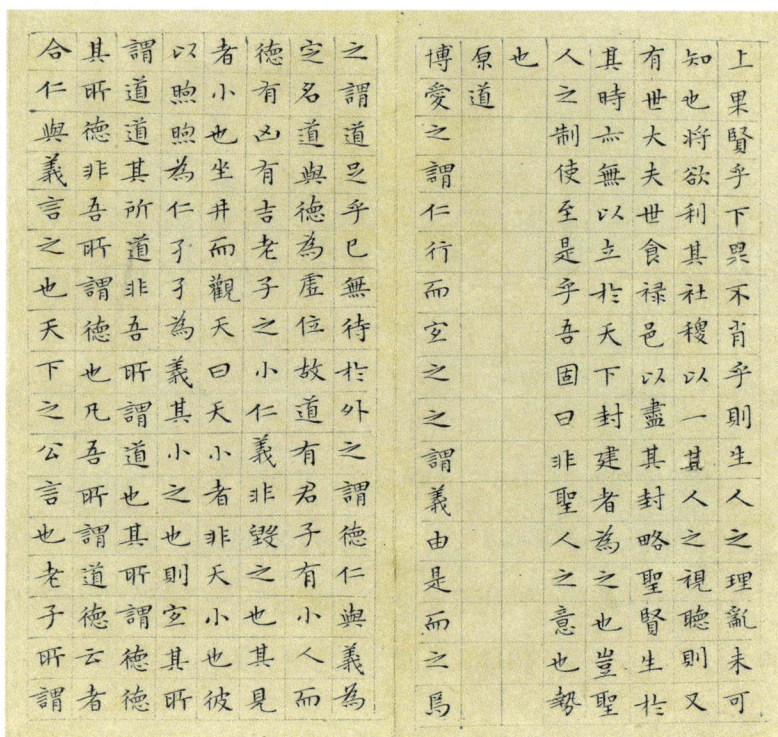

（明）文徵明书《小楷韩柳文》之韩愈《原道》局部

中唐韩愈反思安史之乱的原因，归结于人们缺乏应有的道德信仰，社会文化发生了危机。韩愈以道统继承人自居，与孟子"舍我其谁"的气质一脉相承。

这道题目是振聋发聩的时代之问。韩愈问大家，孔子死后，杨朱、墨翟之说使得圣人之道不明，孟子辟而明之。那么杨、墨的思想何以有害于道？孟子又是如何排斥他们的？如果现在还有此类的学说影响人们，该怎么办？其实这是韩愈的自问自答，他在《原道》这篇宏文中阐论道：

周道衰，孔子没，火于秦，黄老于汉，佛于晋、魏、梁、隋之间。其言道德仁义者，不入于杨，则入于墨；不入于老，则入于佛。入于彼，必出于此。入者主之，出者奴之；入者附之，出者污之。噫！后之人其欲闻仁义道德之说，孰从而听之？老者曰：孔子，吾师之弟子也。佛者曰：孔子，吾师之弟子也。为孔子者习闻其说，乐其诞而自小也，亦曰：吾师亦尝师之云尔。不惟举之于其口，而又笔之于其书。噫！后之人虽欲闻仁义道德之说，其孰从而求之？

……

夫所谓先王之教者何也？博爱之谓仁，行而宜之之谓义，由是而之焉之谓道，足乎己无待于外之谓德。其文：《诗》《书》《易》《春秋》；其法：礼、乐、刑、政；其民：士、农、工、贾；其位：君臣、父子、师友、宾主、昆弟、夫妇；其服：麻、丝；其居：宫、室；其食：粟米、蔬果、鱼肉。其为道易明，而其为教易行也。是故以之为己，则顺而祥；以之为人，则爱而公；以之为心，则和而平；以之为天下国家，无所处而不当。是故生则得其情，死则尽其常，郊焉而天神假，庙焉而人鬼飨。曰：斯道也，何道也？曰：斯吾所谓道也，非向所谓老与佛之道也。尧以是传之舜，舜以是传之禹，禹以是传之汤，汤以是传之文、武、周公，文、武、周公传之孔子，孔子传之孟轲。轲之死，不得其传焉。荀与扬也，择焉而不精，语焉而不详。由周公而上，上而为君，故其事行；由周公而下，下而为臣，故其说长。然则如之何其可也？曰：不塞不流，不止不行。人其人，火其书，庐其居，明先王之道以道之，鳏寡孤独废疾者有养也。其亦庶乎其可也！

韩愈将佛、老比作杨、墨，而以孟子自任，辟除佛、道二教的邪说和制度，承担起弘扬自尧、舜至于孔子、孔子传至孟子、孟子之后不得其传的圣人之道。这个道至为简易，可以用"仁义"二字概括，体现在典籍、礼法、人伦、日常生活之中，构成儒家理想中的天下国家。

从此，"孔孟之道"便成为唐宋新儒学的精神传统——道统。经过宋明儒学，特别是理学的不断丰富、发展，成为中国社会文化的主导精神。在这个过程中，《孟子》也受到极大的推崇。钱穆先生在《四书释义·例言》中概括道：

儒家道统之说，始于唐之韩愈；所谓尧、舜、禹、汤、文、武、周公以是传之孔子，孔子传之孟子，孟子之死而不得其传焉者也。朱子《四书》，亦具道统之意。朱子以《大学》为曾子作，《中庸》为子思作。孔子之道传于曾子，曾子传之子思，而孟子受学于子思之门人。故后人又称《四书》为四子书，即指孔、曾、思、孟四子言。然子思作《中庸》，其说虽见于《史记》，又载于刘向、歆之《七略》（即今传《汉书·艺文志》），而《中庸》是否子思所作，实有疑问。据后代考订，毋宁《中庸》乃秦时之书。要之其书较《孟子》为后出，殆可无疑。而《大学》非曾子作，尤成为后代学术界之定论，其成书年代或更晚于《中庸》。

……

窃谓此后学者欲上窥中国古先圣哲微言大义，借以探求中国文化渊旨，自当先《论语》，次《孟子》。此两书，不仅为儒家之正统，亦中国文化精神结晶所在，断当奉为无上之圣典。《学》《庸》自难与媲美。然《学》《庸》两书，言简而义丰，指近而寓远，亦不失为儒籍之瑰宝，国学之鸿篇。虽当与《语》《孟》分别而观，正不妨与《语》《孟》连类而及也。

5. 大而化之：新儒学与东亚文明

在东亚长期的文明交流过程中，汉字文化、佛教信仰和儒家思想成为东亚文化圈共同继承、共同创造的遗产。随着中国宋明理学的确立和元朝的统一进程，新儒学思想对东亚产生了深远的影响。美国汉学家狄百瑞（Wm. Theodore de Bary）指出，无论是朝鲜还是日本，"四书"在前近代的东亚，"是用来作为教育的公分母的，东亚的各个部分都共享着一种类似的思想和道德形态的过程"（《东亚文明——五个阶段的对话》）。

南宋理宗端平二年（1235），蒙元军队南下攻占江西德安，俘获理学家赵复，带至燕京，请他在太极书院讲授二程、朱子之学，为北方培养了一批人才，传播了程朱理学，而学生当中就有充当人质的朝鲜王子们。日本的禅僧、朝鲜和中国移居日本的移民，也将新儒学传播到了日本。

元代延祐二年（1315），朱子的学说和他的《四书章句集注》被确定为正统之学和科举范本，蒙古人、色目人、汉人、南人都必考"四书"。1289 年，高丽的儒学家安珦（1243—

（元）刘敏叔《三夫子像》

程颢、程颐、朱熹是宋代新儒学代表人物。程朱理学发展了儒家学说，自认是"道统"的延续，到元代正式被确立为官方的意识形态。

1306）随世子忠宣王出使元朝，购得《四书章句集注》，次年带回高丽授徒讲学，后来朝鲜王朝也将《四书章句集注》定为科举内容。15 至 16 世纪，朝鲜引进明刊本《四书五经大全》《朱子文集大全》等印刷出版。1558 年，李滉（1501—1570，号退溪）选编《朱子书节要》，推动了朱子学说的普及，使之成为朝鲜的正统思想，并形成不同的学派，争论不休，创见频出，其中主要有李滉开创的退溪学派和李珥（1536—1584，号栗谷）开创的栗谷学派。两派争论的主要议题是"四端七情"，争论时间长达 300 年左右。"四端"即孟子所说"恻隐之心，仁之端也；羞恶之心，义之端也；辞让之心，礼之端也；是非之心，智之端也"；"七情"即《礼记·礼运》中所言"喜、怒、哀、惧、爱、恶、欲"。退溪是主理派，认为四端发于理，七情发于气；而栗谷是主气派，则认为"气发而理乘之"，也就是理与气并发。

日本幕府统治时代没有制定科举制度，所以新儒学，特别是朱子的思想主要在民间学术中产生影响。17 世纪德川幕府时期，朱子学者林罗山被任命为学官。18 世纪末期，一些幕府的学者已将朱子学定为"正学"，出版朱子学的书籍，《孟子》也就随着"四书"成为学校的教材。德川时期的日本学者山崎闇斋（1618—1682）与弟子谈论孔孟之道时，有一段十分有趣的对话，记录在原念斋编写的《先哲丛谈》中：

（山崎闇斋）尝问群弟子曰："方今彼邦，以孔子为大将，

韩元上的朝鲜理学家李滉（退溪）像

韩元上的朝鲜理学家李珥（栗谷）像

孟子为副将，率数万骑，来攻我邦。则吾党学孔孟之道者，如之何？"弟子咸不能答，曰："小子不知所为，愿闻其说。"曰："不幸若逢此厄，则吾党身披坚，手执锐，与之一战，擒孔孟以报国恩，此即孔孟之道也。"后弟子见伊藤东涯，告以此言，且曰："如吾闇斋先生，可谓通圣人之旨矣。不然，安得能明此深义，而为之说乎？"东涯微笑曰："子幸不以孔孟之攻我邦为念，予保其无之。"

山崎做出这个奇怪的假设，其背景是明朝灭亡，东亚地区觉得清朝或许是军事和政治的威胁，但是更深层的因素是山崎对国家民族的政治认同与他对孔孟之道的文化认同发生了矛盾。而伊藤的观点更为通达真切，他认为孔子和孟子都不可能有狭隘的地缘政治观点，不可能产生攻打异邦的念头。

确实，正如孟子所云："充实之谓美，充实而有光辉之谓大，大而化之之谓圣。"（《尽心下》）孔子、孟子的思想是具有超越性的。孔子说过："夷狄之有君，不如诸夏之亡也。"（《论语·八佾》）其实他并不是在说有没有国君的问题，而是在说有没有礼乐文明的问题。孔子又说："夏礼吾能言之，杞不足征也。殷礼吾能言之，宋不足征也。文献不足故也。足，则吾能征之矣。"(《论语·八佾》) 在他看来，尽管夏人、商人都创造过辉煌的文明，但是作为他们后嗣的杞人与宋人已经没有能力或资格来继承祖先的文明，因为他们的文（礼乐）献（贤人）不足。

因此，夏、商的文明是所有民族共有的遗产，谁都可以来继承光大。孔子还说过"道不行，乘桴浮于海"(《论语·公冶长》) 这样的话，甚至"欲居九夷"。有人问他："陋，如之何？"子曰："君子居之，何陋之有？"(《论语·子罕》) 因此，在孔子看来，儒家之道应该是放之四海而皆准的。

孟子尽管也说过"吾闻用夏变夷者，未闻变于夷者也"(《滕文公上》)，但他同样表达的是文化立场而不是民族或国家立场，他甚至认为华夏文明本来就是由四夷的圣人共同创造的。《离娄下》曰：

孟子曰："舜生于诸冯，迁于负夏，卒于鸣条，东夷之人也。文王生于岐周，卒于毕郢，西夷之人也。地之相去也，千有余里；世之相后也，千有余岁。得志行乎中国，若合符节，先圣后圣，其揆一也。"

舜生长于东夷，文王生长于西夷，地域相距千里，时代相差千年，但他们都在华夏中国实现了同样的道德和政治理想，他们的制度和道路就像符节一样印合，没有差别。

所以，孔子和孟子创发的儒家之道，并不拘执于某一特殊的民族或文明，而是以天下为己任的。它也以一种日常之道和贴近人性的方式与其他文明不断开展对话。正如杜维明先生在《何为儒家之道》中概括的那样：

儒学是一种世界观、一种社会伦理、一种政治意识形态、一种学术传统，以及一种生活方式。虽然儒学经常和佛教、基督教、印度教、伊斯兰教、犹太教和道教一起被作为一种重要的历史性宗教，但她既不是一种制度化的宗教，也不是一种崇拜中心的宗教。不过，她在东亚的政治文化以及精神生活中曾经发挥了深远的影响。……即使在 20 世纪后期，作为人类文明中的一项主要精神遗产，儒家传统仍然是一支能够触动我们心灵、激发我们智慧并且丰富我们生命的重要力量。

后　记

　　我和《孟子》这部书结缘甚久。早在 1990 年跟随周勋初师和莫砺锋师攻读中国古代文学博士学位时，他们便命我认真研读焦循的《孟子正义》。读后写成《论赵岐〈孟子章句〉》一文，经勋初师和砺锋师审阅，多所是正，并加提携，刊于《古典文献研究》（1989—1990 年辑，南京大学出版社 1992 年）。我在论文的结语中写道：

　　《孟子》是一部对中国思想文化产生重要影响的著作，特别是在铸造中华民族的思想性格方面发挥了很大的作用，这与赵岐对《孟子》的整理之功分不开，尤其是他能够把握时代脉搏，以时代精神贯注于解释《孟子》的工作中，厥功尤伟。

　　"厥功尤伟"四字乃勋初师亲笔加于稿中。可以说，我研读《孟子》是从清代乾嘉学术的路径入手的。

2000 年我在哈佛大学燕京学社担任访问学人，参加杜维明先生组织的郭店楚简中儒家类文献的读书会。这是一些需要不断与先秦儒家文献，特别是心性学说比勘对读的出土文献，加之杜维明先生是当代新儒家的代表人物之一，我也必须阅读一些宋明理学和当代新儒家的书才能参与讨论，其中不乏研究《孟子》的内容。和乾嘉学派通经释义的古典语文学方法不同，宋明理学则借助经典创发出系统的哲理，来建构道德与政治学说；而当代新儒家又运用了许多西方阐释学、文本理论、对话理论等方法，更多地在思考当代人类面对的问题，所以在理论与方法上开拓了我的视野。

从 2001 年起直至 2016 年，我给硕士生、本科生开设了几次"《论》《孟》研究""《四书》研究"选修课，其间带学生去过曲阜、邹城，登过泰山。2020 年以来，我还在中学讲过几次"《论语》《孟子》研读"课。讲课的过程是很重要的理解过程。2017 年，我在给本科生的《〈四书〉研读学文小集》作《序》时说：

> 从教师的角度看，尽管中国文化的经典对这些学生还很陌

生，他们在阅读时的思想方式还没能完全脱离中学教育和年轻人稚拙的藩篱，但是他们对中国文化的向往和对古代经典的兴趣已经足以让他们具备突破藩篱的能力；他们提出的问题虽然是最一般的学术常识，但是这些问题由他们提出，其意义是不同的，因为对他们来说，这全部是新的问题，有学术的，也有人生的；更何况他们还提出了一些让我也没想到的问题。这一切都让我觉得研讨课的责任重大，因为没有教科书可以支撑教师的话语权，我说的话虽然出于一定的学术训练，但往往是随着问题即兴讲的，而对学生来说，他以后要在生活和内心验证你说的话，与你展开长期的对质。因此，经典研读课让我意识到面对青年人说话的责任。

这段话，也是我现在想对本书的读者们讲的。

我撰写《孟子》的普及读物始于 2007 年。当时南京大学从匡亚明先生主编的《中国思想家评传丛书》200 部中选择 50 部，编写《中国思想家评传》简明读本，我承担了其中的《孟子》（南京大学出版社 2008 年）。虽说只有五万字左右，但全用白话写出，方觉普及工作真不易为。书出版后，有中英文对照本（David B. Honey 译），由南京大学出版社出版（2010）；中日文对照本（中岛元春译），由南京大学出版社和日本北陆大学出版会联合出版（2010）。2023 年，当接到"中华经典通识"丛书主编陈引驰教授和中华书局上海公司总编辑贾雪飞编审让我撰写《〈孟子〉通识》的邀请时，我欣然受命，因为我也想将近年来的关于孟子的理解再加整理一下。只是我的人生有如负蝂，担事过多，只能一拖再拖，让责编吴艳红女士催促频频，想来十分汗颜。

作为通识类读物，不宜过多地表达个人的见解，而是要将学界公认的见解传达给读者，但选择与组织这些见解，特别是选择释读《孟子》篇章的权力在于我自己，所以，当大家读到这本小书，如果发现其中的错误或不当之处，责任也在于我。在此希望读者朋友们多多批评指教。

2024 年五四青年节于秣陵翠屏山